Peter Eicher (Hrsg.)
Theologie der Befreiung im Gespräch

Peter Eicher (Hrsg.)

Theologie der Befreiung im Gespräch

Leonardo Boff, Peter Eicher, Horst Goldstein, Gustavo Gutiérrez, Josef Sayer

Kösel-Verlag München

Reihe
EVANGELIUM KONKRET
Herausgegeben von Peter Eicher

CIP-Kurztitelaufnahme der Deutschen Bibliothek

Theologie der Befreiung im Gespräch / Peter Eicher (Hrsg.). Leonardo Boff ... – München : Kösel, 1985.
ISBN 3-466-20275-2
NE: Eicher, Peter [Hrsg.]; Boff, Leonardo [Mitverf.]
(Evangelium konkret)

ISBN 3-466-20275-2

Gesamtherstellung: Kösel, Kempten
Umschlaggestaltung: Günther Oberhauser, München, unter Verwendung eines Bildes von Michael Eberle, München

Inhalt

Evangelium konkret

Zur Einführung in das Gespräch um die Theologie der Befreiung

Von Peter Eicher

I. Im Dienst der Hoffnung

Das Evangelium des Alten und des Neuen Testamentes gibt es nur konkret. Seinem Zeugnis zu entsprechen, heißt deshalb konkret zu werden und den Zuschauerstandpunkt aufzugeben, der aus sicherer Distanz sachlich beurteilen will, wie sich Gottes Wort auf unsere eigene Geschichte bezieht. Die Sachlichkeit des Evangeliums erschließt sich auf seinem eigenen Weg; denn das Evangelium gleicht keiner vorfabrizierten Landkarte, welche die begehbaren Wege zum vorneherein anzeigt, vielmehr eröffnet es den Weg der Freiheit allen denen, die ihn gehen. Vom Evangelium konkret zu reden heißt deshalb auch, das kirchliche Handeln in all seinen Formen von Verkündigung, sozialer Praxis und Liturgie auf die biblisch bezeugte Verheißung zu beziehen: auf das kommende Reich, dessen Vorschein der aus der Macht des Todes auferweckte Gekreuzigte selber ist. Wo dieser Botschaft nicht tätig entsprochen wird, da bleibt sie selber unbegriffen und wird zum tiefsten Grund der Resignation. Wo sie gelebt wird, entzündet sie jene Hoffnung, die sich in der Drangsal bewährt: »sie läßt nicht zuschanden werden« (Röm 5,5).

Konkret erschließt sich der Herr aller Wirklichkeit dem in der realen Geschichte verlorenen Haufen Israel als sein Befreier und Erlöser: »Ich bin der für euch da ist«. In diesem seinem Namen hat sich der unsichtbare Gott die menschlich verworfene Geschichte des Gekreuzigten aus Galiläa zu eigen gemacht. In

Jesus Christus hat Gott selbst gezeigt, wie konkret er da ist. Der Einzige, der sich in seiner absoluten Freiheit den Menschen befreiend zugewandt hat, unterscheidet sich nach dem biblischen Zeugnis von den mannigfaltigen Götzen der politischen, wirtschaftlichen und religiösen Gewalten gerade dadurch, daß er seine Gerechtigkeit, Barmherzigkeit und Treue nicht für sich behält, sondern vorbehaltlos der Ungerechtigkeit, Erbarmungslosigkeit und Untreue unserer Geschichte ausliefert. Er überwindet das Böse durch das Gute, das er selber ist und selber nahe bringt. Die den Erdkreis umspannende Kreuzesgestalt, welche die hier eröffnete Reihe »Evangelium konkret« prägt, zeigt wie der neue Himmel und die neue Erde anbricht. Indem Gott sich mit der tiefsten Not unserer Realgeschichte identifiziert, ruft er durch den Gekreuzigten in die Nachfolge seines eigenen Lebens, in die Nachfolge Jesu Christi, die dem Kommen seines Reiches entspricht.

II. Der Konflikt

Die europäischen Theologen des zwanzigsten Jahrhunderts haben als Gesprächspartner vor allem ihre weltlichen Zeitgenossen gesucht, die reflektiert oder auch problemlos atheistischen Bürger der modernen Lebenswelt. Unbefragt blieben in diesem zumeist defensiv geführten Dialog mit der Neuzeit die Voraussetzungen, die der kirchlichen und weltlichen Praxis durchaus gemeinsam sind. Seit dem historisch längst vergessenen Streit zwischen *Bartolomé de las Casas,* der die spanische und portugiesische Eroberung, Ausbeutung und Vernichtung der Indios als Ungerechtigkeit, Völkermord und Sünde prophetisch brandmarkte und den theologischen Verteidigern der Kolonialisierung und des Missionspatronats, welche im Namen des Evangeliums und der humanistischen Prinzipien die Zerstörung der fremden Kultur rechtfertigten, seit diesem folgenlos gebliebenen Streit hat es erstmals wieder die in den Sechziger Jahren aufgebrochene

Theologie der Befreiung in Lateinamerika vermocht, der an Europas Kultur orientierten Kirche vor Augen zu führen, in wie hohem Maße sie sich selbst den wirtschaftlichen, sozialen und politischen Strukturen der säkularen Moderne verpflichtet hatte. Die arm gehaltene und zur Unterentwicklung getriebene Bevölkerung Lateinamerikas fand in der Theologie der Befreiung eine Stimme, die den Kirchen in den hochindustrialisierten Zentren des Welthandels bestürzend vor Augen führt, wie weit sie sich von der von ihnen verkündeten Seligpreisung der Armen und von ihrem Glauben an den in der Armut Jesu Christi offenbar gewordenen Reichtum Gottes entfernt hat. Die Distanz zwischen Glaubenden und Nicht-Glaubenden wird im Blick jener, die sich von beiden gleichermaßen unterdrückt sehen, sehr relativ.

In allen ihren Formen fordert die Theologie der Befreiung eine konkrete Verbindung zwischen der Reich-Gottes-Verkündigung und dem Kampf um Befreiung aus einer politisch gestützten Wirtschaftsform, welche die Armen noch immer zusehends ärmer und die Reichen reicher werden läßt. Die Botschaft von der Versöhnung verkommt in ihren Augen zur Selbstrechtfertigung der Reichen, wo sie die ungerechten Strukturen der Weltwirtschaft nicht bewußt macht, sondern die unversöhnte Wirklichkeit religiös verschleiert. Die von den reichen Kirchen gepredigte Hoffnung auf das nahekommende Reich des Friedens, der Gerechtigkeit und der Liebe wird von denjenigen als Illusion durchschaut, denen jede Hoffnung auf ein menschenwürdiges Dasein auch durch jene Gesellschaftsschichten und Völker genommen wird, die sich durch ihre »christliche Kultur« sowohl mit Gott als mit dem Mammon gut zu arrangieren wußten: »Der Blickwinkel der Armen und Unterdrückten holt uns immer aus der Welt der abstrakten Prinzipien heraus, um uns ohne Entrinnen auf den anspruchsvollen Boden der Praxis zu stellen und auf den Boden der Wirklichkeit des Evangeliums« (*G. Gutiérrez,* Die Gewalt eines Systems, in: Concilium 16, 1980, 736).

Die Konfrontation, wie sie die römische Glaubenskongregation seit Beginn des Jahres 1984 offen sucht, ist deshalb zur Konfrontation um die Frage nach der konkreten Gerechtigkeit zwischen den zunehmend verelendeten Bevölkerungen und den sich fortschrittlichen entwickelnden Gesellschaften geworden, zur Frage nach dem Verhältnis von Arm und Reich. Im Gegensatz zum Vorsitzenden der Deutschen Bischofskonferenz akzeptiert die Römische Glaubenskongregation grundsätzlich eine Theologie der Befreiung, aber sie glaubt zugleich die konkrete Verbindung zwischen der Reich-Gottes Verkündigung und dem politisch zu führenden Kampf um Befreiung aus den ungerechten Wirtschaftsstrukturen aufs schärfste kritisieren zu müssen. Der dabei erhobene Vorwurf der marxistischen Verfremdung des Evangeliums spitzt die Frage nach der praktischen Bestimmung des Glaubens aufs äußerste zu: Ist die Verbindung von Reich-Gottes-Verkündigung und politischem Kampf um international gerechtere Wirtschaftsstrukturen schon eine Auslieferung an die atheistische Vision einer menschlich gerechten Welt oder führt nicht vielmehr die passive Hinnahme der gegenwärtigen Wirtschaftsstrukturen zur praktischen Auslieferung der christlichen Gemeinden an die mächtigen Götzen dieser Zeit?

Wo es um die wesentliche Bestimmung des Glaubens, d. h. um die Unterscheidung zwischen Gott und den Götzen geht, da ist in der Tat Konfrontation auch in der Kirche notwendig. Es macht zwar keinen Sinn, der Theologie der Befreiung oder der Glaubenskongregation den Willen abzusprechen, ganz dem kirchlichen Glaubensbekenntnis verpflichtet zu sein, wohl aber ist das selbstkritische Gespräch über die konkrete Bedeutung des kirchlichen Credos und um die praktische Form der bekennenden Kirche dringlich. Da die Glaubenden nicht an ihrer Theologie und nicht an ihren verbalen Bekenntnissen, sondern an den Früchten ihrer Glaubenspraxis erkannt werden, kann das Gespräch jedoch nicht auf der Ebene von Begriffsklärungen und Theorievergleichen verbleiben; es muß den Gesprächspartnern vielmehr die Möglichkeit eröffnen, vom Leben ihrer Gemeinden zu erzählen. Denn auch der dogmatisch sich korrekt artikulierende Glaube ist nicht davor gefeit, seinen Gott praktisch wie einen Götzen zu mißbrauchen, d. h. in die durchaus gott-losen Interessen des Willens zur Macht zu stellen. Mehr als jeder leicht durchschaubare Götzendienst, der innerweltliche Interessen verabsolutiert, ist gerade das Bekenntnis zum einzigen Gott, der sich durch die Selbstpreisgabe seines Lebens in Jesus Christus vorbehaltlos als Liebe für alle Menschen geoffenbart hat, zuhöchst durch seinen götzendienerischen Gebrauch gefährdet. Wo die Verkündigung der Mensch gewordenen Liebe die ungerechten Verhältnisse von Wirtschaft, atomarer Rüstung, politischer Unterdrückung, kirchlicher Entmündigung und Verweigerung der partnerschaftlichen Gleichberechtigung der Frauen direkt oder indirekt zu rechtfertigen sucht, da wird der Heiligste selbst als Unterdrücker verkündet, da wird Gott selbst zum Götzen des Glaubens.

Der Streit um die Theologie der Befreiung ist notwendig, weil es in ihr um diese grundlegende Unterscheidung geht. Denn die real arm gemachten Gemeinden leiden unter diesem vergötzten Glauben. Sie erkennen schärfer als die theologisch geübten Augen der Reichen, wie das Evangelium der Menschwerdung Gottes nicht nur in der Missionsgeschichte, sondern auch zur Erhaltung der ungerechten wirtschaftlichen und politischen Strukturen pervertiert wurde und weiterhin pervertiert wird.

Die Erfahrung der Armen mit dem Evangelium der Reichen wird für die Reichen selbst zur wichtigsten theologischen Erkenntnis der Gegenwart.

III. »Ihrer ist das Himmelreich«

Arm und nackt werden wir zwar alle geboren, aber die einen werden reich gemacht, die andern arm gehalten. Wer reich gemacht wird durch das wirtschaftliche, soziale und kulturelle System, in das eingebunden er sich vorfindet, hat es leicht, sich selbst zum Subjekt seines reichen Menschseins zu machen. Der arm Gehaltene kann dagegen nicht durch seinen Besitz und nicht durch seine Anpassung an die ihn bereichernde Umwelt zum Subjekt werden: Er muß auf seine bloße Menschlichkeit pochen,

um anerkannt zu werden. Der Reiche begründet sein Recht auf Fortschritt durch seinen Besitz – dem Armen wird durch den Fortschritt sein Besitz genommen. Dafür wird ihm das abstrakte Menschenrecht zuerkannt. Der Reiche beherrscht seine Beziehungen zur Welt, zum Mitmenschen und zu sich selbst vermittels seines Geldes – der Arme steht in diesen Beziehungen allein, er kann sie nur durch sich selbst aufbauen. Der Reiche hungert nach Mehr-Wert, seine Nahrung dient der Vermehrung seines Besitzes, nicht diesem selbst – der Arme hungert nach Menschlichkeit und nach dem Besitz, der diesen Hunger stillt.
Zwei Perspektiven sind deshalb zu unterscheiden: die Perspektive, in welcher der Reiche den Armen und seine Befreiung definiert und der Kampf des Armen um Befreiung selbst. Der Reiche definiert die Armut als Mangel an Gegenständen, als Fehlen von dem, was er selber hat, als Gegenteil seiner Position, und er begründet diesen Mangel durch einen Defekt im System des Armen selbst, als einen Defekt *seines* Wirtschaftssystems, *seiner* Kultur, *seiner* Natur oder gar *seiner* Rasse. Der Defekt erscheint ihm, der alles verrechnet, wesentlich ein quantitativer zu sein. Die Befreiung, die dem Armen zusteht, kann deshalb nur die Angleichung an ihn, den Reichen und sein wirtschaftliches und politisches System, seine Kultur und Religion sein. Und diese Angleichung wird aus der Sicht des Reichen durch quantitative Geldhilfe, durch politische Systemhilfe, kulturelle Missionierung, wirtschaftlichen und notfalls auch militärischen Druck erreicht. Dagegen erkennt der Arme seine Armut als einen Unterdrückungsprozeß, als permanente Herstellung des Elends, als produziertes Leid. Er erfährt sich als Leidensobjekt des ihm Entbehrung zufügenden Reichen. Der Arme definiert deshalb den Reichen zweifach: Er durchschaut erstens die Gefangenschaft des Reichen im Unterdrückersein, er erkennt die Gewalttätigkeit, die er durch seine Existenz ausübt. Er vermag im Reichen zweitens aber auch den zu sehen, der er selber ist: den Armen, der nichts anderes besitzt als seinen Hunger nach Menschlichkeit. So heißt *für ihn* Befreiung auch die Lösung des Reichen aus seiner Herrschaftsrolle, in der er so verfangen ist, daß er gar nicht

anders kann als andere wirtschaftlich, kulturell, politisch und religiös gefangenzunehmen.

Die Glaubenskongregation und Teile der Deutschen Bischofskonferenz definieren die Armen von ihrem eigenen Reichtum her und kämpfen deshalb gegen die Theologie der Armen selbst. Sie projizieren ihr eigenes Sein auf den Kampf der Armen. Ihnen werfen sie vor, sie würden Gewalt anwenden und materialistisch denken, sie wären subversiv und hätten es auf revolutionäre Ziele abgesehen, auf die Zerstörung der hierarchischen Ordnung der Kirche und damit auf die Zerstörung der freien Welt überhaupt. So leugnet die reiche Kirche die Armut des Armen und verkennt ihre eigene Gefangenschaft in den Strukturen der kapitalistischen Produktion, die wahrhaft revolutionär alle Verhältnisse umwirft, welche nicht dem fortschrittlichen Mehr-Wert des Reiches dienen. Sie kann deshalb die Befreiung nicht wahrnehmen, welche die »Theologie der Gefangenschaft« (wie *Leonardo Boff* die Theologie der Befreiung auch nennt) ihr bringt. Gefangen in ihrem eigenen Horizont nennt sie deshalb die Theologie der Befreiung »horizontalistisch« und »politisch instrumentalisiert«.

Wie konkret das Evangelium das Verhältnis zwischen einer sozialethischen Betrachtung der Armen durch die Reichen und den Standpunkt der Armen selbst sieht, zeigt die Erzählung vom sogenannten reichen Jüngling in bestürzender Prägnanz (Mk 10,17–27 par.). Der »Irgendjemand« wie Markus ihn nennt, hält sich ja nicht anders als die reichen Kirchen heute auch durchaus an die großen sozialen Weisungen der Schrift: er raubt keinem das Leben und nimmt niemandem sein Eigentum, er sorgt sich um die Eltern und liebt den Nächsten wie sich selbst. Und obwohl er mit dieser seiner Gerechtigkeit auf ewigen Lohn schielt, weist Jesus ihn nicht zurück. Vielmehr schaut Jesus ihn an und gewinnt ihn lieb. Für das Verhältnis der reichen Kirche zu der arm gehaltenen Bevölkerung dieser Erde wäre es das Beste, wenn das Evangelium hier zu Ende wäre. Aber das Evangelium endet nicht da, wo die Gerechtigkeit der Reichen aufhört. Vielmehr beginnt es erst an diesem kritischen Punkt: »Jesus schaute ihn an, gewann

ihn lieb und sprach zu ihm: ›Eines mangelt dir. Geh, verkauf alles, was du hast und gibt es den Armen – so hast Du den Besitz im Himmel. Komm und folge mir nach«.
Offenbar genügt der Liebe Gottes die Soziallehre des Reichen nicht, sie tauscht vielmehr den Standort des Lebens selbst. Die sozialethische Hilfe kümmert sich nach der Maßgabe des Reichtums um den Armen und macht ihn so weiterhin von sich abhängig. Der Wechsel des Standorts, den Gottes Sohn in der Preisgabe seines göttlichen Reichtums vollzog – »folge mir nach« –, macht den Reichen nicht nur selber arm sondern auch abhängig von den Reichen; er macht ihn den Armen gleich, die dadurch in ihrer Menschlichkeit bedingungslos anerkannt werden. So bleibt die Soziallehre zwar gut genug für den Reichen, aber sie kann der konkreten Gerechtigkeit nicht nahekommen, die Gott selbst in seiner Armut für die Armen aufgerichtet hat.
Die Jünger waren bekanntlich weniger über den reichen Irgendjemand entsetzt, der mit seinen Gütern von dannen zog, als vielmehr über die Zumutung Jesu selbst: »Wer kann dann gerettet werden?«. Jesu Zuversicht, daß dieser große Wechsel bei Menschen zwar unmöglich, bei Gott aber wirklich ist, hindert nicht, daß die reichen Kirchen vor diesem Evangelium so unbeholfen dastehn wie die Kamele vor dem Nadelöhr.
Die Theologie der Befreiung erzählt von dem, was vor Gott wirklich gilt: Sie erzählt von dem Standortwechsel einer reichen Kirche zu den Armen selbst. Dieser Erzählung und ihrer kritischen Erörterung gilt dieses erste Bändchen von »Evangelium konkret«.

IV. Das Gespräch

Die Theologie der Befreiung steht nicht als eine neue akademische Theologie neben allen andern akademischen Theologien. Das unterscheidet sie wesentlich von der bisher in Europa entwickelten politischen Theologie. Denn ihr Bezugspunkt ist nicht die universitäre Reflexionskultur und auch nicht der ihr entsprechende Literaturbetrieb, sondern die Glaubenserfahrung von Gemeinden, die für elementare Lebensbedingungen arbeiten und kämpfen. So kommt die Theologie der Befreiung – hierin traditioneller als viele konservative Theologien – gerade da in ihr Element, wo sie als offenes Gespräch der Gemeinde selbst Erfahrungen sammelt, das Evangelium auf die eigene Situation bezieht und so ihre gesellschaftliche Praxis im Licht des Glaubens gemeinsam reflektiert. Würde die Theologie der Befreiung aufhören, im Alltagsgespräch fortgeführt zu werden, würde sie selbst zu existieren aufhören. An diesem Gespräch teilzunehmen und in dieses Gespräch unsere europäischen Fragen und Optionen einzubringen, das macht den Sinn der hier über zwei Kontinente hinweg geführten Diskussion aus. Zwar hat man *Leonardo Boff* zum Schweigen gebracht, aber kurz bevor ihm die oberste kirchliche Behörde das Mitspracherecht für ein Jahr entzog, hat er mit *Horst Goldstein* unsere – bewußt aus der europäischen Perspektive formulierten – Fragen durchdiskutiert. Dem zum Verstummen gebrachten wird hier öffentlich Gehör gegeben.

Das Gespräch, das *Josef Sayer* mit *Gustavo Gutiérrez* führte, artikuliert dagegen seine Fragen möglichst aus der Sicht der lateinamerikanischen Gemeinden und ihrer Geschichte seit dem Zweiten Vatikanischen Konzil. Die reflektierte Erzählung aus dem Leben der Gemeinden um Cuzco, die *Josef Sayer* aus Peru einbringt, gibt dieser Diskussion ihren lebendigen Hintergrund. Die abschließenden Erwägungen suchen dagegen wiederum aus europäischer Sicht den Konflikt zu verstehen und für die Situation unserer Gemeinden in der wirtschaftlich durchrationalisierten und sozial versicherten Gesellschaft fruchtbar zu machen. Ich gestehe gerne, daß die Beiträge durch den Wunsch zustande kamen, die Diskussion nicht der lehramtlichen Zensur allein zu überlassen, sondern die Gemeinden am Gespräch zu beteiligen.

Für europäische Verhältnisse wirkt es geradezu mirakulös, von Kardinälen, unzähligen Bischöfen und Priestern zu hören, die – wie in den Armutsbewegungen des 12. und 13. Jahrhunderts –

aus ihren Palästen und Uniformen ausgezogen sind, um mit den Armen arm zu sein. Und kaum zu glauben sind die mannigfaltigen Berichte aus dem neu erwachten Leben von Gemeinden, die in Lateinamerika noch erstorbener schienen als viele Gemeinden der europäischen Christenheit. Aber auch, was das durch die kirchliche Konfrontation angestoßene Gespräch mit den zwei führenden Theologen der Befreiung sachlich zum Vorschein bringt, wirkt angesichts der schwer vermeidbaren Vorurteile aus europäischer Sicht unerwartet. Die vier sachlich entscheidenden Akzente weisen dabei unsere eigenen Fragen in eine Richtung, die den europäischen Christen und ihren Theologen zumeist lautlos abhanden gekommen zu sein scheint.

1. Die pastorale Ausrichtung

Die Theologie der Befreiung hat sich aus der Pastoral entwickelt und will – was *Gustavo Gutiérrez* stark betont – eine pastorale Theologie, d. h. eine praktische Theologie der Gemeinde bleiben. Der Verdacht, nach welchem die Theologie der Befreiung das Elend der Bevölkerung zum Ansatzpunkt einer politischen Verzweckung des Evangeliums nehmen würde, steht der Wirklichkeit der Glaubenserfahrung in den lateinamerikanischen Gemeinden und der sich auf sie beziehenden Theologie der Befreiung fremd gegenüber. Vor allen theoretischen Überlegungen gibt die Theologie der Befreiung der Hiobsklage des Volkes Ausdruck: Wie kann Gott gerecht sein, da wir so ungerecht leiden? Wie kann in der Situation der Entmündigung und Erniedrigung Gottes Liebe bekannt werden?
Obwohl der lateinamerikanische Katholizismus wesentlich von der iberischen Gegenreformation geprägt war und z. T. – wie eindrücklich der Bericht von *Josef Sayer* zeigt – in marginalisierte und dekadente Formen zerfallen war, wurde gerade der volkskirchliche Glaube zum Ausgangspunkt eines neuen solidarischen Gemeindelebens, in dem sich Liturgie, Verkündigung und gesellschaftliche Bewußtseinsbildung untrennbar verknüpfen. Der an Devotionalien, heiligen Orten, Messelesenlassen und

Heiligenverehrung fixierte Schicksalsglaube zeigte sich nicht als unüberwindliches Hindernis zur Gemeindereform im Sinne von Medellín und Puebla, welche ihrerseits das Zweite Vatikanische Konzil für Lateinamerika konkretisierten. Der traditionelle Ritualismus erwies sich vielmehr als fruchtbare Voraussetzung für die lebendigste Gemeindereform, welche die Kirche nach dem Zweiten Vatikanum kennt. *Gustavo Gutiérrez* und *Josef Sayer* wehren dabei dezidiert Theorien ab, nach welchen der Volksglaube von einem neuen Klerus nunmehr politisch instrumentalisiert oder marxistisch indoktriniert worden sei. Es ist nach der Erfahrung von *Gutiérrez* gerade der Glaube des Volkes, der die Hierarchie und die in sie eingebundene Theologie zur Umkehr gebracht hat. Wo allerdings als Norm für den Volksglauben das theologische Wissen der Kleruselite angelegt wurde, da schien – wie aus *Josef Sayers* Erfahrungsbericht deutlich wird – die Volksfrömmigkeit primitiv und abergläubisch. Die Fähigkeit des Volkes, ihre am Leiden Christi, an Marienerscheinungen und Heiligengestalten orientierte Frömmigkeit mit einer kritischen Reflexion über die eigene Situation zu verbinden und zu einer tiefen Wahrnehmung des biblischen Zeugnisses zu kommen, spricht gegen die intellektualistische Verachtung des Volkes und gegen die These von der Manipulierbarkeit des Volkes zu parteipolitischen und ideologischen Zwecken. Die Gottesfrage des leidenden Volkes führt zur Wahrnehmung einer Frohbotschaft, in der Gott in der äußersten Armut des Kreuzes die Leidenden und die von der offiziellen Religion Verachteten annimmt und gerade sie auf den Weg des nahe kommenden Reiches sendet: »Nun erkenne ich in Wahrheit, daß Gott nicht auf die Person sieht, vielmehr in jedem Volk alle ihm wohlgefallen, die ihn fürchten und Gerechtigkeit üben« (Apg 10,34f.).

2. Zur biblischen Unmittelbarkeit

Während die Ökumene in Europa gegenwärtig an den bürokratisch verfestigten Kirchenstrukturen und Sicherungsmaßnahmen

der Kirchenleitungen zum Stillstand kommt, ereignet sich in den Basisgemeinden Lateinamerikas ein ökumenisch entscheidender Aufbruch: Es ist die konsequente Orientierung des Gemeindelebens an der Bibel selbst. Unbelastet von der historisch-kritischen Distanzierung des Schrifttextes, welche für die wissenschaftliche Exegese, für den Religionsunterricht und die Verkündigung in Europa den Weg zur Wahrnehmung des uns selbst ansprechenden Wortes Gottes zumindest sehr kompliziert gemacht hat, nehmen die lateinamerikanischen Gemeinden den symbolischen Aussagegehalt und die theologische Tiefenstruktur des biblischen Textes in einer Unbefangenheit wahr, die das von der Schrift bezeugte Wort Gottes zum befreienden Zuspruch und Anspruch an die Gemeinde werden läßt. Es ist im Blick auf die unabgegoltenen Anliegen der Reformation dabei entscheidend, daß das Alte Testament wiederum zur inneren Voraussetzung und zum konstitutiven Bestandteil des Evangeliums wird – was seiner schrankenlosen Anpassung an die Bedürfnisse des europäischen Bürgertums widersteht.
Die Auslegung der Bibel durch die Gemeinde selbst ist zum Fundament für die praktische Kirchenreform geworden, welche die hierarchische Erstarrung der durchorganisierten katholischen Großkirche löst und zwar ohne den Bezug zur Bischofskirche und zur Weltkirche zu verlieren. Die Theologie der Befreiung bringt vielmehr gerade diesen Bezug zur Sprache, und dieser Bezug muß, wenn er dem Evangelium verpflichtet bleiben will, für große Teile der Weltkirche ein kritischer sein. Denn die Legende von der Beschränkung der Theologie der Befreiung auf die Exodusthematik des Alten Testaments ist durch den Reichtum der biblischen Auslegung in den Basisgemeinden und in der ihr entsprechenden Theologie längst widerlegt. Das Volk erkennt seine Situation im Licht des biblisch bezeugten Handelns Gottes an Israel wieder, wobei die biblische Verheißung die Gemeinden aufbrechen läßt, um die Gerechtigkeit zu suchen, die Gottes Reich selbst nahe bringt.

3. Die Umkehr der Kirche

Die Kirche der Armen, deren praktische Glaubenserfahrung die Theologie der Befreiung reflektiert, steht nicht im Schutz gesicherter Bündnisse mit der Staatsgewalt: Sie wird verfolgt. Die Ermordungen, Inhaftierungen, Folterungen, Ausweisungen und politischen Benachteiligungen einer sehr großen Zahl von Christen aus den Basisgemeinden hat ihren Grund nicht in einer allgemeinen Religionsverfolgung, sondern im politischen Engagement der Gemeinden. Denn in den Basisgemeinden gehören Rechtfertigung und Gerechtigkeit, Feier der durch Christus geschenkten Versöhnung und Arbeit für die Befreiung, Reich-Gottes-Hoffnung und Kampf gegen die Verelendung konkret zusammen. Aber das politische Handeln, ohne welches Liturgie und Verkündigung ein bloß ideologischer Überbau über die schlechten Zustände bliebe, wird gerade von den christlichen Regimen verfolgt, von katholischen Regierungen besonders grausam. Der innerweltlichen Gewaltpolitik steht ihr außerweltlich verstandener Glaube nicht im Wege, besteht doch dessen einzige politische Funktion darin, die Regierungsgewalt zu legitimieren und die innerweltliche Konformität der Bürger zu sichern. Die Regierungen bekämpfen die Basisgemeinden und die Theologie der Befreiung gerade auf Grund ihres politischen Katholizismus: Er garantiert ihre Autorität, schafft klare Feindbilder (selbst Erzbischof *Romero* soll Marxist gewesen sein) und beruhigt das Volk trotz zunehmender Armut. Die Regierungen, die sich ideologisch auf christliche Werte stützen, suchen die politisch konforme Kirche, die ihnen den Bereich der politischen »Eigengesetzlichkeiten« überläßt und die zwei Reiche – Gottes Jenseits und das staatlich kontrollierte Diesseits – unabhängig voneinander hält. Dagegen sah Erzbischof *Romero* kurz vor seiner eigenen Ermordung klar, warum es besser ist, wenn die Kirche verfolgt als vom Staat geliebt wird:

> »Die transzendente Hoffnung muß aufrechterhalten werden mittels der Zeichen der geschichtlichen Hoffnung, auch wenn dies scheinbar so schlichte Zeichen sind wie jene, von denen

der Prophet Jesaja spricht: ›Sie werden Häuser bauen und selbst darin wohnen, sie werden Reben pflanzen und selbst ihre Früchte genießen‹ (Jes. 65,21)... Aber diese Verteidigung der Armen in einer konfliktgeladenen Welt hat eine in der jüngsten Geschichte unserer Kirche neue Tatsache zur Erscheinung gebracht: die Verfolgung... Tausende sind es, die bedroht, entführt, gefoltert und ermordet werden... Von größter Bedeutung aber ist die Frage, warum die Kirche verfolgt wurde; es war nicht gleichgültig, welche Institution man angriff. Verfolgt und angegriffen wurde jener Teil der Kirche, der sich auf die Seite der Armen gestellt und ihre Verteidigung übernommen hatte... Die Verfolgung ist nichts anderes als die Teilnahme am Los der Armen... Als die Kirche sich organisierte und zusammenschloß in der Absicht, die Hoffnungen und Ängste der Armen zu den ihren zu machen, erlitt sie dasselbe Geschick wie Jesus und die Armen selbst, nämlich Verfolgung« (Rede änläßlich der Verleihung des Dr. h. c. der Universität Löwen vom 2. 2. 1980).

Der Konflikt um die Theologie der Befreiung bringt nun auch für das katholische Bewußtsein jene tiefgehende Auseinandersetzung zur Sprache, die im Ökumenischen Weltrat der Kirchen seit Beginn zu Spannungen und – in der Rassenfrage – auch zu Abspaltungen geführt hat: die Auseinandersetzung um die politische Konsequenz des Bekenntnisses. Es liegt im Anspruch der Reich-Gottes-Botschaft Jesu selbst, daß sie politisch mißverstanden wird. Jesus wurde deshalb auch als politischer Aufrührer, als »König der Juden« hingerichtet, obwohl er selbst keine politische Gewalt beanspruchte. Aber jede imperialistische und totalitäre Politik kann das zum Bekenntnis von Gottes Gerechtigkeit selbstverständlich dazugehörende Engagement für soziale Gerechtigkeit nur als Eingriff in den eigenen Machtbereich, als Bedrohung ihres Gewaltmonopols mißverstehen. Sie verfolgt jede öffentliche Organisation, welche durch ihr Handeln den Staat an seine eigene Verpflichtung zum Allgemeinwohl erinnert und ihn in seinem Machtmißbrauch in die Schranken weist, und zwar mit

Mitteln, die seine Gewalt offenbaren – in Polen nicht anders als in El Salvador. Während allerdings dem Bischof von Rom, dem Oberhirten der katholischen Kirche, der Kampf um die soziale Gerechtigkeit in Ländern des real existierenden Sozialismus willkommen ist, scheut er sich, in den Ländern des real existierenden Katholizismus den Kampf um Gerechtigkeit konkret zu unterstützen, obwohl er für Lateinamerika – wie *Gutiérrez* betont – die sozialen Grundprinzipien dieses kirchlichen Kampfes um politische und wirtschaftliche Gerechtigkeit prinzipiell hochhält. So kämpft denn die lateinamerikanische Kirche mit ihrer »klaren und prophetischen, vorrangigen und solidarischen Option für die Armen« (Puebla, No. 1134) unter Verfolgungen auch um jenen Teil der Kirche, der dieser Konsequenz des Evangeliums ausweicht.

Für die reichen Kirchen zeigt gerade die Realistik und die Zuversicht der Beiträge von *Leonardo Boff, Gustavo Gutiérrez* und *Josef Sayer* wie ungenügend das bloße Anmahnen von Menschenrechten und humanistischen Optionen gegenüber der wirtschaftlichen und politischen Wirklichkeit bleibt. Denn im Kampf der armen Kirche geht es zuerst um die Aufhebung von Zuständen, welche einem Großteil der Bevölkerung die Würde, *Subjekt* der Menschenrechte zu sein, entziehen. Die Blutzeugen des praktisch gewordenen Evangeliums werden zu lebendigen Rufern der »Umkehr der gesamten Kirche im Sinne einer vorrangigen Option für die Armen mit Blickrichtung auf deren umfassende Befreiung« (Puebla, No. 1134). Der Beitrag von *Josef Sayer* kann deshalb nicht als Bericht aus einer anderen Welt gelesen werden; er lädt die Gemeinden der reichen Kirche zum Bewußtwerden ihrer Reichtümer und ihrer bequemen Spaltung zwischen religiöser Praxis und öffentlicher Verantwortung ein. *Leonardo Boffs* Insistieren auf der Befreiung der vor allem auch in der Kirche unterdrückten Frauen zeigt erst recht, wie wenig sich die grundlegende Option der armen Kirche und ihrer Theologie der Befreiung auf den lateinamerikanischen Kontinent beschränken läßt.

4. Erneuerung der Theologie

Die akademische Theologie Westeuropas wird durch das Gespräch nicht nur inhaltlich, sondern auch in ihrer Form und in ihrer Interessenverflechtung mit den gesellschaftlich bevorzugten Gruppen herausgefordert.

Inhaltlich gesehen sind es vor allem drei Akzente, welche für die katholische und evangelische Theologie Westeuropas zur Rückbesinnung auf das biblische Zeugnis selbst einladen: die konsequente Einbeziehung des Alten Testaments in das kirchlich zu verkündigende Evangelium, die Rückbesinnung auf die Kreuzestheologie und die praktische Eschatologie. Die alttestamentliche Hermeneutik der lateinamerikanischen Theologie der Befreiung überwindet den europäischen Kult der klassischen Antike (der an der sozialen und politischen Wirklichkeit des alten Griechenland und Rom zu achtlos vorbeigeht) ebenso wie den latenten Antisemitismus der europäischen Theologie, welcher es in der katholischen Theologie bis heute verhindert hat, daß die Verheißungen des Alten Testaments zu inneren Voraussetzungen der kirchlichen Dogmatik geworden sind – die Ausnahmen bestätigen die Regel. Für die streng begriffliche – und deshalb notgedrungen schwer verständliche – akademische Theologie wird nicht nur die Bemühung der Theologie der Befreiung um eine alltagssprachliche Fassung der kritischen Reflexion, sondern auch die systematische Berücksichtigung der Glaubenserfahrungen der Gemeinden zur Frage, wie weit sie sich selber vom Leben der Gemeinden distanziert hat.

Die universitäre Form der theologischen Reflexion zeigt sich schließlich nicht nur als das Ergebnis der begrifflichen Anstrengungen, welche in Europa gegenüber der atheistischen Kritik die humane Möglichkeit von Glauben und Religion offenhält, sondern auch als Anpassung an die Vernunft jener herrschenden Gruppen, für welche die Leidenserfahrungen der Opfer unserer Entwicklung keine für die Wissenschaft entscheidende Instanz zu sein vermag. Wenn die europäische Theologie sich von diesem kritischen Gespräch distanziert, verzichtet sie auf die Aufklärung ihrer selbst. Nur für andere aufklärend sein zu wollen heißt aber aus dem Grundgesetz der wissenschaftlichen Sachlichkeit selbst austreten. Die Voraussetzung des theologischen Gesprächs bleibt die Bereitschaft zur Selbstkritik – die Voraussetzung zum kirchlichen Gespräch über den Gehalt der biblischen Verheißung bleibt die Bereitschaft zur Umkehr.

Leonardo Boff und *Gustavo Gutiérrez* bitten die europäischen Christen, die Situation der Armen und den Standortwechsel in der lateinamerikanischen Kirche kennenzulernen. Wer sich auf diese Erkenntnis einläßt, erfährt, daß Befreiung nicht eine Notwendigkeit nur für die Armen bedeutet, sondern eine Notwendigkeit für die Reichen. Unser Reichtum schafft nicht nur Armut, er hindert auch daran, Gottes eigene Barmherzigkeit, sein schöpferisches Handeln in unserer Geschichte und sein erlösendes Wort glaubend wahrzunehmen und aus ihm in der solidarischen Gemeinde zu leben.

Die Armen evangelisieren

Gustavo Gutiérrez im Gespräch mit Josef Sayer

I. Der Kontext der Theologie der Befreiung

Josef Sayer: Das Jahr 1984 war gekennzeichnet durch heftige Angriffe gegen die Theologie der Befreiung. Die Kritik aus Europa war häufig durch eine theoretische Blickrichtung geprägt, die nur aus dem Kontext der europäischen Ideen- und Geistesgeschichte des 19. und 20. Jahrhunderts verständlich wird.

Ein Gespräch über die Theologie der Befreiung darf sich deshalb nicht von vornherein nur von diesen Anfragen bestimmen lassen. Um die Theologie der Befreiung zu verstehen, genügt es nicht, immer wieder nur nach ihrer Abgrenzung gegenüber Marxismus und Klassenkampf, Revolution und Gewaltanwendung zu fragen. Das bloße Insistieren auf diesen Punkten läßt vermuten, daß es den Fragestellern nicht nur um eine mangelnde Präzision der Aussagen der Theologie der Befreiung geht, sondern auch noch um andere Interessen. Welche und wessen Interessen sind dies? Geben sich die Kritiker Rechenschaft über den eigenen Lebenszusammenhang, aus dem heraus sie fragen? Und – so möchte man aus der lateinamerikanischen Sicht zurückfragen – nehmen sie auch das christliche Leben und die christliche Praxis wahr, die sich im Geist der Theologie der Befreiung schon entfaltet haben und weiter aufblühen?

In einem Gespräch mit einem Theologen der Befreiung, der die Entwicklung nicht nur von außen verfolgte, sondern sie von

Anfang an entscheidend mitgeprägt hat, sehe ich die Chance, gerade den Reichtum dieses christlichen Lebensvollzuges der lateinamerikanischen Kirche anzusprechen. Wie beurteilst Du, Gustavo, die Ereignisse des Anfangs? Wie kam das ganze in Gang?

Gustavo Gutiérrez: Um den Anfang zu verstehen, darf man nicht auf den Ausdruck »Theologie der Befreiung« starren, sondern hat man auf die Herausbildung der Sache selbst zu achten.

Die Theologie der Befreiung hat ihre Wurzeln in den Anfängen eines neuen historischen und eines neuen kirchlichen Bewußtseins in Lateinamerika. Das Erwachen zu einer neuen Wahrnehmung der Geschichte Lateinamerikas und der kirchliche Aufbruch waren dabei durchaus miteinander verbunden. Nicht nur Intellektuelle, sondern auch viele Teile des Volkes fanden in den ereignisreichen Sechziger Jahren nach und nach zu einer neuen Vision Lateinamerikas, indem sie die Armut der großen Mehrheit der Bevölkerung und deren Ursachen besser wahrzunehmen begannen. Auch wenn sie zuweilen noch sehr zwiespältig sein mochte: die Suche nach neuen Wegen, die aus der Situation der Armut herausführen sollten, hatte begonnen. Obwohl die Wurzeln des neuen kirchlichen Bewußtseins weit zurückreichten, hat doch die Ankündigung des Zweiten Vatikanums zu Beginn der Sechziger Jahre durch *Johannes XXIII*. und dann der Geist und der Text des Konzils die entscheidenden kirchlichen Anstöße gegeben. Dazu kamen aber in den Sechziger Jahren auch eine ganze Reihe von neuen Überlegungen und Erfahrungen im Bereich der kirchlichen Pastoral in Lateinamerika. Das Klima und die Themen der Theologie der Befreiung waren also schon längst vorhanden, bevor der entsprechende Titel dafür gefunden wurde. Es ist wichtig zu betonen, daß nicht einfach einige vielleicht berühmte Namen für die Sache stehen, sondern daß die wichtigen Personen in diesem Prozeß, der zur Theologie der Befreiung führte, die armen Teile des Volkes selbst waren; sie entwickelten eine neue Wahrnehmung der Realität und ein neues Bewußtsein ihres christlichen Glaubens.

Die zentrale Frage, die wir uns von Anfang an stellten, hieß schlicht: »Wie können wir den Gott der Liebe in der Realität Lateinamerikas verkünden«? Darauf sucht die Theologie der Befreiung eine Antwort zu geben.

Josef Sayer: Wie kamst Du eigentlich selbst dazu, die Dinge auf eine neue, »lateinamerikanische« Weise zu sehen und Theologie in einer neuen Art zu entwickeln?

Gustavo Gutiérrez: Ich kam 1960 nach der Beendigung meines Studiums in Europa (in Löwen und Lyon) nach Peru zurück und begann mit der Pastoralarbeit. Rasch gewann meine Arbeit einen lateinamerikanischen Bezug. Die pastorale Arbeit verband mich mit den Bevölkerungsgruppen, die zu einem neuen Bewußtsein erwacht waren und ihre Lage auf eine neue Art und Weise sahen. Das Teilen, das Zusammensein mit ihnen und die menschliche Nähe zu vielen innerhalb und außerhalb meines Landes hat mich selbst erwachen lassen. Außerdem wurde ich während dieser Jahre der Pastoralarbeit aufgrund einer gewissen theologischen Bildung und Berufung zu vielen Versammlungen eingeladen, um über das, was geschah, zu reflektieren. Auf diese Weise konnte ich Überlegungen zusammentragen, die später für das, was wir Theologie der Befreiung nennen, wichtig wurden. Mein Zugang ist also fundamental ein pastoraler. Von der Pastoral aus entwikkelte sich die Theologie der Befreiung. Später, im Juli 1968, wurde ich gebeten, für eine Versammlung in Chimbote, im Norden Perus, einen Vortrag über die »Theologie der Entwicklung« zu halten. Sie war damals in Mode. Ich arbeitete den Vortrag jedoch nicht unter dem Titel einer »Theologie der Entwicklung«, sondern der »Theologie der Befreiung« aus. Damals war dies ein ganz unbekannter Ausdruck. Das Thema »Befreiung« schien mir sehr viel biblischer und umfassender als das Thema »Entwicklung«. Dies ist der erste Vortrag, der mit dem Namen »Theologie der Befreiung« gehalten wurde und das Buch, das diesen Namen trägt, ist nichts anderes als die Erweiterung dieses ersten Konzepts.

Josef Sayer: In den Sechziger Jahren gebrauchte man den Begriff »Entwicklung«, wenn man den Zusammenhang zwischen den reichen und den armen Ländern positiv zu bestimmen versuchte.

Im Rückblick bezeichnen wir dieses Theorem als »Entwicklungsideologie«, da klar wurde, daß man mit seiner Hilfe den Prozeß nicht adäquat beschreiben oder gar erklären konnte. Die sogenannten Entwicklungsstrategien schlugen fehl; denn der Ansatz als solcher war verfehlt: Die Armut der armen Länder hatte sich nicht durch Entwicklungskonzepte und Aufholstrategien beseitigen lassen. Die Kluft zwischen arm und reich hatte sich durch die Entwicklung vielmehr vergrößert. Daher sucht man andere Erklärungsmuster und Theorien, um die Situation beschreiben, analysieren und konkret verbessern zu können.
Auf der anderen Seite gab es seit dem Ende der sechziger Jahre auch innerhalb der Theologie der Befreiung eine wichtige Entwicklung und entscheidende Veränderungen. Wenn man die Theologie der Befreiung hinterfragt und kritisiert, läßt man häufig diesen Prozeß außer acht. Man reißt Zitate aus ihrem historischen Zusammenhang.
Gustavo Gutiérrez: Ich möchte zunächst klarstellen, daß ich persönlich nie eine Verbindung zu der sogenannten »Theologie der Entwicklung« und ebensowenig zu der »Theologie der Revolution« hatte, von der man in jenen Jahren sprach. Selbstverständlich interessierten mich die Themen der ökonomischen Entwicklung und vor allem deren ethische, humane und christliche Implikationen – wie jeden Christen. Und das gleiche würde ich über das politische Faktum »Revolution« sagen, die ja auch ethische Implikationen hat. Aber wie jedes auf die Praxis bezogene Denken steht auch die Theologie der Befreiung in einem Prozeß, auch wenn sie erst wenige Jahre alt ist. Daher muß man ihre Texte auch in ihren eigenen Kontext stellen.
Nun glaube ich jedoch nicht, daß eine Theologie, welche die Praxis aus der Nähe reflektiert, zu ihrem Inhalt nur die unmittelbaren Probleme haben könnte. Theologie sucht Distanz zu wahren. Deshalb bleiben auch anfängliche Aussagen der Theologie der Befreiung bis heute weiter gültig – die wichtigen jedenfalls. Aber gewisse Nuancen und gewisse konkrete pastorale Probleme des Anfangs gehören eben zu den ersten Schritten und sind als solche zu würdigen.

Josef Sayer: Man kann wissenschaftlich nicht mit Texten umgehen, ohne sie in ihren historischen Kontext zu stellen.
Gustavo Gutiérrez: So ist es. Und diese hermeneutische Regel gilt auch für die Texte des kirchlichen Lehramts. Erst dies gibt den Texten ihre Bedeutung für hier und heute. Es handelt sich nicht um eine mechanische Abhängigkeit, sondern um einen lebendigen Bezug.

II. Gemeinde – Lehramt – Theologie

Josef Sayer: In der Geschichte der Kirche Lateinamerikas und auch der Theologie der Befreiung waren die gesamtlateinamerikanischen Bischofskonferenzen von Medellín (1968) und Puebla (1979) entscheidende Einschnitte. Da du darauf drängst, daß man sich nicht auf Namen und Personen fixiert, wenn man die Entstehung der Theologie der Befreiung betrachtet, sondern den Stellenwert der kirchlichen Pastoralerfahrungen insgesamt würdigt, stellt sich die Frage, welche Bedeutung den Glaubenserfahrungen der christlichen *Comunidades* für Medellín und Puebla zukomme.
Gustavo Gutiérrez: Wer die Entwicklung der lateinamerikanischen Kirche nicht verfolgt hatte, für den brachte 1968 das Resultat von Medellín in der Tat eine große Überraschung und eine völlig neue Orientierungsrichtung. In Wirklichkeit aber formulierte Medellín mit großer Originalität und Zukunftskraft das Resultat eines Prozesses, der ohne die Erfahrungen und Reflexionen der christlichen Gemeinden vor Medellín gar nicht verstanden werden kann. So gibt es ja auch Kritiker, für die das Zweite Vatikanum sehr neu war, was sich nur daraus erklärt, daß sie über die biblischen, liturgischen, politischen und pastoralen Bewegungen vor dem Konzil nicht informiert waren. Ähnliches gilt auch für Puebla, wobei allerdings 1979 die Entwicklung der christlichen Gemeinden sehr viel ausgeprägter und vitaler war als 1968.

Josef Sayer: Und welche Rolle spielte die Theologie in Puebla?

Gustavo Gutiérrez: Selbstverständlich spielten sowohl in Medellín als auch in Puebla die Bischöfe die entscheidende Rolle: Sie entschieden über die Texte. Aber in beiden gesamtlateinamerikanischen Bischofskonferenzen arbeiteten die Theologen an der Redaktion der Texte mit. Die Behauptung, daß die Theologen in Medellín mehr Einfluß gehabt hätten als später in Puebla, ist falsch und verleumderisch. Es ist leicht zu sehen, daß zentrale Ideen der Bischofskonferenz von 1979 in den schriftlichen Arbeiten zu finden sind, die von Theologen *vor* Puebla geschrieben wurden. Die Theologen befanden sich ja nicht einfach außerhalb der Konferenz. In der europäischen Perspektive ist ein Theologe ein Professor der, abgetrennt von der konkreten Pastoral, seine ganze Zeit der Theologie widmet; in Lateinamerika ist dies generell nicht der Fall. Die Theologen, die sowohl in Medellín als auch in Puebla die Arbeit der Bischöfe unterstützten, waren in der pastoralen Arbeit engagiert und beherrschten zugleich die Dimension der theologischen Reflexion.

Josef Sayer: Gibt es denn einen prinzipiellen Unterschied zwischen den Vertretern der Theologie der Befreiung und den Theologen in den reichen Ländern?

Gustavo Gutiérrez: Nicht die Theologen sind verschieden, sondern unsere kirchliche Wirklichkeit. Die alte europäische Tradition der universitären Theologie ist in Lateinamerika viel weniger ausgeprägt. Die Theologie der Befreiung, die im Lichte des Glaubens die Praxis reflektiert, hat das Engagiertsein, die Nähe zu dieser Praxis zu ihrer bleibenden Voraussetzung. Natürlich kann man hier nicht alles scharf voneinander trennen oder gar hart beurteilen, weil es auch in Europa Theologen gibt, die ihre Arbeit organisch mit der pastoralen Praxis der Gemeinden selbst verbinden und sich auch in Lateinamerika Theologen finden, die eher im Kontext der Universität arbeiten.

Josef Sayer: Deine wichtigsten Impulse und Ideen erhieltest Du aus der Pastoralarbeit, sehe ich das richtig?

Gustavo Gutiérrez: In meinem Fall ist das eindeutig. Meine

Arbeit in den 26 Jahren meines Priesterseins ist grundsätzlich pastoraler Art gewesen. Ich bin nie Vollzeit-Theologieprofessor gewesen, noch nicht einmal für die Hälfte meiner Zeit. Ich habe nicht an der Theologischen Fakultät von Lima unterrichtet. Ich gab Theologiekurse für Laienstudenten an der Katholischen Universität und viele theologische Seminare für die in der Pastoral Tätigen. Das Lehren der Theologie jedoch ist nie die wichtigste Aufgabe meines Lebens gewesen. Ich habe Theologie immer im Zuge der pastoralen Aktion getrieben.

III. Was heißt »Theologie« – was heißt »Befreiung«?

Josef Sayer: In Europa besteht ein großes Interesse an Definitionen. Ein Vertreter der Theologie der Befreiung sagte mir vor ein paar Jahren pointiert, an dem Tag, an dem man in der Enzyklopädia Britannica lesen könne: »Theologie der Befreiung ist . . .«, dann sei sie tot. Theologie der Befreiung sei mehr eine Haltung und ein Prozeß des Glaubens und des Lebens von Gruppen und christlichen Gemeinden. Vielleicht rührt daher auch ein gewisses Unbehagen des kirchlichen Lehramtes. Man kann nicht so klar sagen, was Theologie der Befreiung ist. Was kennzeichnet die Art des Theologisierens und wie grenzt sich Theologie der Befreiung von anderen theologischen Richtungen ab?
Gustavo Gutiérrez: Ich möchte hier etwas präzisieren. Ich glaube, daß die Theologie der Befreiung immer versucht hat – zumindest war dies immer meine Perspektive –, eine Theologie sehr nahe an der pastoralen Arbeit zu sein; aber zugleich hört sie nicht auf, kritische theologische Reflexion zu sein. Ich habe manchmal ein wenig die Befürchtung, daß das gutwillige Reden von der Theologie der Befreiung als einer »Theologie der Gemeinden« den Eindruck vermittelt, sie sei eine Art Anhängsel der pastoralen Arbeit oder eine Art enthusiastischer Theologie, die keine Zeit habe, ihre Begriffe zu vertiefen. Damit kann ich mich nicht einverstanden erklären. Mir jedenfalls scheint, daß

die Theologie der Befreiung ernsthaft versucht, Theologie zu sein. Sie versucht es; ich sage nicht, daß sie es geschafft habe; das mögen andere beurteilen. Wenn wir in einem ganz spezifischen Sinn von Theologie reden, so wird auch eine Definition nützlich, die einen engen Bezug zur komplexen Realität hat. Wenn wir also sagen: »Theologie der Befreiung ist eine Reflexion über die Praxis im Licht des Glaubens«, – gut, dann vermittelt dies eine Idee. Oder wenn wir sagen: »Theologie der Befreiung ist ein Versuch, auf die Fragen zu antworten: *›Wie kann man von Gott sprechen angesichts des Leidens Unschuldiger‹*?«, so glaube ich, daß wir eine komplexe Perspektive von dem entwickeln, was Theologie der Befreiung ist.

Es mag oft guter Wille im Spiele sein, wenn man deutlich sagt, daß die Theologie der Befreiung keine konzeptuelle, rigide und kalte Theologie sei, sondern den Gemeinden nahe stehe. Dies ist ja nicht falsch. Aber zuweilen verbirgt sich hinter solchen Bestimmungen nur Unkenntnis über das, was »Theologie der Befreiung« wirklich bedeutet. Ich frage mich, ob damit unbewußt nicht auch eine gewisse Geringschätzung verbunden ist. Weil wir aktuelle Themen behandeln, glaubt man, es sei keine ernsthafte Theologie. Ich würde in diesem Sinne vielmehr sagen, die Theologie der Befreiung sei traditioneller – im wahren Sinne des Wortes – als manch andere neue Theologie.

Josef Sayer: In dem Ausdruck »Theologie der Befreiung« bildet »Befreiung« einen Schlüsselbegriff. Der Begriff »Befreiung« hat bereits eine lange und komplexe Geschichte hinter sich. Insbesondere in der westlichen Geistesgeschichte spricht man von verschiedenen Arten der Befreiung, sie kann sich beispielsweise auf das Individuum beziehen, die soziale und politische Ordnung. Wie versteht man diesen Begriff innerhalb der Theologie der Befreiung?

Gustavo Gutiérrez: Persönlich versuchte ich diesen Begriff von Anfang an zu präzisieren, seit 1968. Ich verstehe unter Befreiung einen komplexen Prozeß: erstens die Lösung aus der Situation der Ungerechtigkeit und Ausbeutung, in der die Mehrheit der Armen Lateinamerikas und der Menschheit lebt. Befreiung bedeutet

zweitens aber auch die Aufhebung all dessen, was den Menschen daran hindert, zur vollen Entfaltung zu gelangen. Letztlich geht es um die Befreiung aus der Sünde, aus dem gebrochenen Verhältnis der Menschen zueinander und zu Gott.
Dies haben wir oft die drei Ebenen oder Dimensionen des Befreiungsprozesses genannt; sie unterscheiden sich zwar, bedingen sich aber gegenseitig. Wenn ich über die Theologie der Befreiung spreche, meine ich Theologie der Befreiung auf allen drei Ebenen. Es handelt sich nicht um eine Theologie *einer* dieser Befreiungen, vielmehr geht es darum, diese drei Ebenen zu verbinden.
Ich möchte auch anmerken, daß diese drei Ebenen der Befreiung, die ich in meinem Buch »Theologie der Befreiung« ausgearbeitet habe, fast wortwörtlich von der Bischofskonferenz von Puebla übernommen wurden. Jene Person, die für die Bischöfe den Entwurf des Schemas schrieb, das man heute »Die Würde des Menschen« nennt, – dieses Teils zumindest, der dann von den Bischöfen in Puebla approbiert wurde – kenne ich allerdings *sehr* gut.

IV. Die Option der Armen

Josef Sayer: Du sprachst von den Armen und von Puebla. Die Bischöfe befürworteten in Puebla die vorrangige Parteinahme für die Armen. Diese ist ein Dreh- und Angelpunkt zum Verständnis der Theologie der Befreiung. Die Geschichte der Kirche kennt Armutsbewegungen; es gibt einen Franz von Assisi. Worin besteht nun aber die spezielle Sicht des Armen in der Theologie der Befreiung?
Gustavo Gutiérrez: Unser Ausgangspunkt ist der biblische Begriff des Armen. Mit dem biblischen Begriff spricht man von dem real und material Armen und von der materiellen Armut als einer unwürdigen Situation für das menschliche Wesen. In dieser unwürdigen Situation lebt die Mehrheit der lateinamerikanischen Bevölkerung. Aber »Armut« bedeutet zweitens auch die Haltung

der spirituellen Kindschaft, der Verfügbarkeit vor Gott. Diese spirituelle Armut ist für mich einer der tiefsten Begriffe des Evangeliums überhaupt.
Die spirituelle Armut ist – drittens – nicht ablösbar von der Armut als dem Engagement mit den real Armen. Dieses Engagement soll den Armen nicht sagen, ihre Armut sei gut, vielmehr läßt es uns mit ihnen solidarisch werden. Nur so können wir ihnen sagen, daß die Armut, die sie erleiden, gegen den Willen Gottes steht. In meiner »Theologie der Befreiung« sind diese drei Bedeutungsebenen von Anfang an entwickelt; sie gelangten von da aus in den Text von Medellín.
Der ›Arme‹ ist also ein zentraler Begriff, aber er ist es nicht erst jetzt. Zuweilen kann etwas sehr klassisch und zugleich sehr neu sein. Die vorrangige Option für den Armen hat seine Vorläufer in der Geschichte der Kirche selbst. Sie kommt aus der Bibel und hat die Geschichte der christlichen Gemeinde mit Leben erfüllt. Franz von Assisi steht dafür nur als ein Beispiel.
Josef Sayer: Wenn man in Europa und den reichen Ländern von »Armen« und der Armut spricht, läuft man – aus lateinamerikanischer Sicht – Gefahr zu verharmlosen und den wirklichen Sachverhalt nicht zu treffen. Wenn man in der Theologie der Befreiung und in der Kirche der Armen von Armen redet, dann schwingt da selbstverständlich mit, daß es sich hier um eine vom Menschen bewirkte Verarmung und Pauperisierung handelt und nicht um ein natürliches Erscheinungsbild. »Arm« hat die Konnotation der produzierten Verarmung und Verelendung als Produkt insbesondere eines wirtschaftlichen und soziopolitischen Systems. Beispielsweise sprechen die Bischöfe in Puebla und spricht *Johannes Paul II.* von dem wachsenden Reichtum als der Kehrseite der Verarmung breiter Massen und sie nennen dies einen Skandal und Widerspruch zum christlichen Glauben.
Die Theologie der Befreiung vollzog einen Standortwechsel und rückt die Armen und an den Rand der Gesellschaft Verwiesenen in den Mittelpunkt; daraus leiten Kritiker den Vorwurf der Ausschließlichkeit ab: ist die Option für die Armen ausschließend?

Gustavo Gutiérrez: Die Theologie der Befreiung und Medellín sprachen vom ersten Moment an klar und eindeutig von *vorrangiger* Option für den Armen. Explizit wurde aber auch schon in Medellín gesagt, daß es sich *nicht* um einen *Ausschließlichkeitsanspruch* handelt. Als der Papst 1979 nach Mexiko reiste, sprach auch er von der »vorrangigen, nicht ausschließenden Option, wie Medellín sagt«. Näher besehen ist dies ein Punkt, den viele, bzw. alle, die sich der Theologie der Befreiung verpflichteten, immer sehr wachsam und mit viel Klarheit beachtet haben. Wir sind die ersten gewesen, die auf dieses Risiko hingewiesen haben. Das Problem ist allerdings, wie man gleichzeitig der Universalität der evangelischen Botschaft und ihrem eigenen Vorzug der Armen lebendig gerecht werden kann. Auf keinen Fall schließt beides einander aus; dies ist nicht neu, es war immer klar.
Josef Sayer: Im Bereich der Theologie der Befreiung wird oft davon gesprochen, daß die Armen uns selbst das Evangelium verkünden, d. h. daß »die Armen evangelisieren«. Klingt das nicht provokatorisch für die Ohren der Kirche in den reichen Ländern, zumal sie ja – betrachtet nach einem etwas veralteten Missionsmuster – Personal und Hilfsmittel oder Geld gerade nach Lateinamerika sendet? Was soll das heißen, daß die Armen selbst das Evangelium verkünden?
Gustavo Gutiérrez: Der Satz gibt einer tiefen Erfahrung Ausdruck. Das Vaticanum II und danach Medellín erinnerten uns daran, daß das Evangelium den Armen verkündet werden müsse. Das ist prinzipiell gesagt und bleibt immer gültig. In Lateinamerika machten aber gerade diejenigen, welche das Evangelium den Armen verkündeten, sehr viele Erfahrungen mit dieser ihrer Verkündigung. Indem sie versuchten, den Armen das Evangelium zu bringen, wurden sie selbst, die Evangelisatoren, durch die Armen evangelisiert. Aus dieser Erfahrung stammt der Ausdruck »die Armen selbst evangelisieren«. Es ersetzt nicht die andere Verpflichtung, daß den Armen das Evangelium gebracht werden müsse, sondern schafft eine Art Zirkel der Evangelisierung: einen Zirkel kirchlicher Erfahrung. Wenn man von dem evangelisierenden Potential der Armen spricht, dann meint man

diese Erfahrung. Wir haben uns Rechenschaft davon zu geben, daß es viele Aspekte der Botschaft des Herrn gibt. Er hat das Reich Gottes mit einer Vorliebe für die Armen verkündet; deshalb kommt es uns über diese zu. So geht es nicht um die Frage, wer Missionar sei, wer das Evangelium bringe oder wer es nicht verkünden könne. Wir bewegen uns auf einer viel tieferen Ebene. Denn gerade die Missionare machten die Erfahrung, daß sie zwar das Evangelium zu den »heidnischen« Völkern brachten, aber erst im Kontakt mit diesen das Evangelium selbst besser begreifen lernten. Es handelt sich also um eine pastorale Erfahrung der Kirche Lateinamerikas, die von den Bischöfen in Puebla aufgenommen wurde.

Josef Sayer: . . . also keine Provokation . . .?

Gustavo Gutiérrez: Aber nein, das hat gar nichts damit zu tun! Es ist vielmehr eine biblische Sache . . . und eine Erfahrung für alle. In dem Maß, in dem wir versucht haben, das Leben der Armen zu teilen und unter ihnen selbst ein Zeugnis vom Evangelium zu geben, in dem Maße erfuhren wir, daß die Armen selbst das Evangelium tiefer als wir Reichen lebten, manchmal ohne darum genauer zu wissen. Dies anerkennen nicht nur Theologen der Befreiung, sondern auch viele Laien und Ordensleute, die man theologisch als konservativ bezeichnen könnte, die aber eine tiefe spirituelle Erfahrung besitzen, was in letzter Instanz doch das wichtigste bleibt.

V. Der Gott des Lebens

Josef Sayer: Du sprachst von Jesus Christus, der das Reich Gottes verkündet hat und von seiner Vorliebe für die Armen. Hier ist sicher der rechte Ort, um von der »Christologie« und dem »Gottesbild« zu reden. Die Theologie der Befreiung ist – theologiegeschichtlich betrachtet – ein sehr junges Phänomen. Zuweilen erwartet man von ihr schon eine Ausarbeitung der verschiedensten theologischen Traktate wie in der traditionellen Theologie, also auch einen »Traktat über die Gotteslehre« oder eine »komplette Christologie«. Eines deiner zentralen Themen, Gutavo, ist der »Gott des Lebens«, wohl entstanden aus der Frage, wie man von Gott angesichts der Verelendungsgeschichte des Volkes reden könne, wie man Jesus Christus, angesichts der Sozialkonflikte und des Klassenkampfes und der wachsenden Ungerechtigkeit verkünden könne: Dies alles sind doch Spuren des Todes, häufig eines vorzeitigen Todes, den das unterdrückte Volk erleidet . . .

Gustavo Gutiérrez: Zunächst möchte ich etwas richtig stellen. Du sagst, daß es innerhalb der Theologie der Befreiung weniger ausgearbeitete »Traktate« gebe als in der traditionellen Theologie. Diese Unterscheidung scheint die traditionelle Theologie der Theologie der Befreiung entgegenzusetzen. Ich glaube jedoch, daß die Theologie der Befreiung nicht auf Traktate zielt, sondern eine neue Perspektive eröffnet, die bei einigen Themen Gegenakzente setzt. Viele der von der traditionellen Theologie beobachteten Einzelthemen bleiben für uns und für mich wichtig. Wem könnte es einfallen gegenüber *Jürgen Moltmann* zu sagen: »Sehen Sie, in der theologischen Perspektive der ›Theologie der Hoffnung‹ gibt es eine Reihe von Themen, die nicht behandelt werden, die aber doch in der traditionellen Theologie bearbeitet wurden.« Er würde wohl sagen, »gut, aber die traditionelle Theologie ist auch die meine« – nicht wahr? Ich kann auch nichts anderes sagen. Aus welchem Grunde auch müßte die Theologie der Befreiung sich von allen herkömmlichen Theologien so unterscheiden wollen, daß wir nochmals alles von vorne zu beginnen hätten und jeden Punkt der Theologiegeschichte neu aufnehmen müßten? Es ist dies nicht nötig und auch nicht möglich.

Wenn ich die Arbeiten von klassischen und traditionellen Theologen lese, fühle ich mich ihnen – bei aller Distanz, welche die Zeit und die Sprache mit sich bringt – oft sehr nahe und in vielen Aspekten des Denkens tief verbunden. Man muß hier das Schema durchbrechen, nach welchem die Theologie der Befreiung als eine völlig neue Theologie erscheint. Ich betrachte sie als eine neue Perspektive.

Josef Sayer: ... Ich fragte aus einer europäischen Erfahrung heraus; denn in Europa knüpfen viele Gruppen ihre Hoffnung auf Erneuerung an die Theologie der Befreiung ...
Gustavo Gutiérrez: Die Theologie der Befreiung bringt eine neue Perspektive und fordert eine neue praktische Reflexion in vielen Bereichen. Aber am Ende wird die Theologie der Befreiung ein Zufluß zu einem viel größeren Fluß sein, nämlich der Theologie überhaupt. Sie kann nicht als ein paralleler Fluß zum großen Strom der Theologie verstanden werden, sondern mündet wie alle anderen Theologien als Zufluß in den allgemeinen Strom. Auch mit der Theologie von *Karl Rahner*, um ein Beispiel einer bedeutenden Theologie zu nennen, verhält es sich nicht anders.
Das Thema »Gott« bleibt das zentrale Thema in der Theologie der Befreiung, wie die Arbeiten von *Jon Sobrino* besonders deutlich zeigen. So versuche ich selbst die Theologie vom »Gott des Lebens« her zu entfalten. »Gott« ist das einzige Thema der Theologie; dies gilt auch für die Theologie der Befreiung.
Josef Sayer: Welche Bedeutung könnte das Thema »Gott des Lebens« für die reichen Länder haben?
Gustavo Gutiérrez: Die Europäer müssen darüber auch selbst nachdenken. Mir scheint, daß wir über den biblischen Begriff vom »Gott des Lebens« deshalb ein viel klareres Bewußtsein erworben haben, weil wir von einer *Realität des Todes* ausgehen. Die Wirklichkeit der Armut und der Misere der Mehrheit Lateinamerikas ist vom Tode gezeichnet. In diesem Schatten des Todes wird das Thema vom Gott des Lebens ganz hell. Vielleicht hilft die Wahrnehmung dieses Schattens den europäischen Christen und Theologen, die Situation des Todes, welche die Armut in der Welt bedeutet, präzise wahrzunehmen. Wo vom Gott des Lebens geredet wird, kann das Licht über die Realität des Todes aufgehen, in der die Mehrheit der Menschen auf dieser Welt lebt.
Josef Sayer: Puebla spricht vom Erkennen des leidenden Antlitzes Christi in allen von der Armut gezeichneten Gesichtern ...

VI. Die kontemplative Dimension

Josef Sayer: Als ich noch in der Ausbildung war, verstand man unter Spiritualität überwiegend eine Formung der Person und der persönlichen Beziehung zwischen Gott und dem einzelnen Menschen. *Johannes Paul II.* eröffnet in seiner Enzyklika »Laborem Exercens« eine andere Perspektive und prägt den bis dahin in kirchenamtlichen Dokumenten nicht vorkommenden Begriff der »Spiritualität der Arbeit«. Er sah es als eine Aufgabe der Kirche an, eine solche Spiritualität zu entwickeln. Dies war 1981.
Du eröffnest in Deinem Buch »Beber en su propio pozo« (Aus dem eigenen Brunnen trinken, 1983) so etwas wie eine Spiritualität der Theologie der Befreiung. Aus einer langen Erfahrung, aus dem Weg des Volkes in der gelebten Nachfolge Jesu Christi, erschließst Du eine Perspektive, die als gemeindliche Erfahrung, als Spiritualität der Gemeinde der Armen verstanden werden kann. Was könnte diese Spiritualität für die reichen Länder bedeuten? Und wie sieht man das Thema der »Spiritualität« in der Theologie der Befreiung und in der lateinamerikanischen Kirche?
Gutavo Gutiérrez: Ich habe im gleichen Sinne wie Du, José, Spiritualität studiert. Aber erst der Kontakt mit der Geschichte der Spiritualität und die pastorale Arbeit brachten mich dazu, die zentrale Rolle der Spiritualität zu sehen. Spiritualität heißt nichts anderes als Nachfolge Jesu: Dies ist die Schule Christi! Jüngerinnen und Jünger sein, das ist Spiritualität. Sie ist wichtiger als die theologische Reflexion; sie geht der theologischen Reflexion voran.
In Lateinamerika ereignet sich gegenwärtig folgendes: Die Nachfolge wird nicht mehr allein als Weg einer Person oder einer Gruppe verstanden und gelebt, sondern als Weg eines ganzen Volkes. Das ist das Thema des Buches »Aus dem eigenen Brunnen trinken«. Der Ausdruck stammt von *Bernhard von Clairvaux* der damit meint, daß wir spirituell aus unserer eigenen Erfahrung schöpfen müssen. Der Untertitel des Buches lautet: »Der spirituelle Weg eines Volkes«, weil ich meine, daß viele

christliche *Gemeinden* unter den Armen Lateinamerikas dazu aufgebrochen sind, gerade als Volk dem Herrn nachzufolgen. Viele Glieder dieser Gemeinden sind auf diesem Wege der Nachfolge getötet worden. Das Zentrale des christlichen Lebens spielt sich in der vitalen Begegnung mit dem Herrn, in der Nachfolge ab. Für mich hat die Theologie nur in dem Maße einen Sinn, als sie darüber reflektiert. Ohne eine kontemplative Dimension gibt es kein christliches Leben, ohne ein Engagement mit den anderen, insbesondere den Armen, ebenfalls keines.

Josef Sayer: ... Spiritualität als Nachfolge des Herrn, – Zentrum des christlichen Lebens der christlichen *Comunidades;* läßt sich von daher eine Botschaft für die reichen Länder formulieren?

Gustavo Gutiérrez: Der Schlüssel der christlichen Spiritualität liegt in der Gegenüberstellung von *Tod und Leben*. Das steht schon bei Paulus: Sünde und Gnade. Diese Gegenüberstellung von »Sünde und Gnade« erscheint in Lateinamerika in neuem Gewand als »Tod und Leben«. Ist dies keine Botschaft für die Christen der reichen Länder?

VII. Der große Konflikt

Josef Sayer: Um die Theologie der Befreiung gibt es innerhalb und außerhalb der Kirche Konflikte. Um die Auseinandersetzung nicht auf der bloß theoretischen Ebene zu belassen, sondern sie in den lateinamerikanischen Kontext zu stellen, möchte ich zuerst an das Geheimdokument erinnern, welches das Komitee von Santa Fé 1980 für Präsident *Reagan* anfertigte. Dort wird ausdrücklich gefordert, daß die Außenpolitik der Vereinigten Staaten die Theologie der Befreiung offensiv angehen müsse und nicht erst nachträglich reagieren dürfe: »Die Rolle der Kirche in Lateinamerika ist von vitaler Bedeutung für die Konzeption der politischen Freiheit. Leider haben die marxistisch-leninistischen Kräfte die Kirche als politische Waffe gegen das Privateigentum und das System der kapitalistischen Produktionsweise gebraucht,

indem sie die Religionsgemeinschaft mit Ideen infiltrierten, die weniger christlich als vielmehr kommunistisch sind.«
Meiner Ansicht nach stehen wir hier am entscheidenden Punkt der Auseinandersetzung, die sich um den Marxismusvorwurf rankt. In Lateinamerika geht es nicht so sehr um eine theoretische Abklärung, sondern – wie es das Kommissionspapier deutlich nennt – um ökonomische und soziopolitische Interessen. Die Kirche der Armen, die Gerechtigkeit und eine gerechte Gesellschaftsordnung fordert und die ungerechte Weltwirtschafts›ordnung‹ anklagt, wird als Gegner bekämpft. Wie siehst Du die Auseinandersetzung um die Theologie der Befreiung aus der Perspektive Lateinamerikas?
Gustavo Gutiérrez: Hier stehen wir vor einem Typus von Konflikt, den nicht nur die Theologie der Befreiung hervorgerufen hat, sondern auch die Optionen, die die gesamte Kirche in Medellín und Puebla gegenüber denen getroffen hat, die die politische und ökonomische Macht in Lateinamerika und auf der ganzen Welt innehaben. Man kann hier meines Erachtens nicht eine Theologie von den konkreten Grundentscheidungen einer Kirche trennen; wenn es lediglich Ideen oder Bücher gewesen wären, hätten die Mächtigen nicht reagiert. Es handelt sich um die Option einer ganzen Kirche seit Medellín und dem Wirken von christlichen Gruppen aus der Perspektive der Solidarität mit den Armen, der Verteidigung des Lebens und des Engagements in dem Prozeß der Befreiung. Dies also brachte von Anfang an in Lateinamerika die Reaktion derer mit sich, die sich gewisser Privilegien erfreuen. Sie sahen sich kritisiert und durch diese Optionen und Reflexionen der Kirche angegriffen. Diese Reaktion wuchs und hat sogar weltweiten, internationalen Charakter angenommen; sie ist bedeutsam für ein Land wie die USA geworden, oder besser gesagt für die ökonomischen und politischen Machtgruppen der USA, da sie besondere Interessen an Lateinamerika haben. Daher kam die Reaktion gegen die Option der Kirche. Es scheint, daß sich diese Reaktion auf einer gänzlich politischen Ebene bewegt. In dem Maße, in dem man sagt, daß es Arme in Lateinamerika gibt und die Ursachen dieser Armut

analysiert, fühlen sich die konkreten Machtgruppen angegriffen. In dem Maß, in dem man das Leben verteidigt und verschiedene Wege eröffnet, um sich von ungerechten Strukturen zu befreien, fühlen sich die Mächtigen dieser Länder, auch der USA, in ihren Privilegien angegriffen. Dies ist also eine gänzlich politische Reaktion. Dadurch wird bewiesen, daß die Option der Kirche von Medellín und Puebla und die theologische Reflexion, die wir als »Theologie der Befreiung« kennen, lebenswichtige Probleme berührt hat; daher kam diese Reaktion.

Josef Sayer: Eine Kirche, die die Armen verteidigt und Positionen für die Armen ergreift, wird ihrerseits angegriffen. Meiner Meinung nach dürfte die in Lateinamerika vorgebrachte Besorgnis um den Gebrauch des Marxismus in der Theologie der Befreiung auch auf diesem Hintergrund des Konfliktes mit einer engagierten und Gerechtigkeit fordernden Kirche zu sehen sein. In Europa hörte ich folgendes: »Warum macht die Theologie der Befreiung ihre Situationsanalyse als einen wichtigen Schritt ihrer Methode nicht ohne den Marxismus, das müßte doch möglich sein. Auf diese Weise ließe sich die ganze Diskussion entschärfen.«

Gustavo Gutiérrez: Diese Argumentation liegt schief. In Lateinamerika muß man die Situation der Armut, die der Großteil dieses Kontinents erlebt, ernstnehmen. Um diese soziale Realität zu kennen, ist es nötig, die Instrumente zu benutzen, die uns das zeitgemäße Denken gegenwärtig in die Hand gibt. Diese Instrumente sind die Sozialwissenschaften – obwohl die Sozialwissenschaften noch in ihrem Anfangsstadium sind und keine exakten Wissenschaften sein mögen. In den zeitgenössischen Sozialwissenschaften und speziell in denen, die sie in Lateinamerika entwickelt haben, gibt es Bereiche, die von *Marx* stammen, wie es auch andere gibt, die von *Max Weber* stammen, wie es in der Psychologie Begriffe gibt, die von *Freud* stammen. Wir benutzen die Sozialwissenschaften. Dies hat nichts mit der Behauptung zu tun, nach der in der Theologie der Befreiung die marxistische Analyse in ihrer Gesamtheit benützt werde. Die Behauptung bleibt falsch.

Josef Sayer: Mir scheint, man ist in diesen Fällen nicht vertraut genug mit der zeitgenössischen Soziologie; wie viele Begriffe sind nicht Gemeingut geworden; man kann sie nicht mehr eindeutig einer einzigen soziologischen Schule zuordnen und muß jeweils den Gebrauch von Termini innerhalb der verschiedenen soziologischen Richtungen sehr genau auf ihre jeweilige Rezeption hin prüfen.

Gustavo Gutiérrez: Ich glaube, hier ist ein Mangel an Bildung im Bereich der Sozialwissenschaften festzustellen. Aber trotz allem darf diese Reaktion gegenüber der Theologie der Befreiung nicht verwundern. Als *Rerum Novarum* veröffentlicht wurde, gab es heftige Reaktionen von seiten der privilegierten Gruppen, die die Enzyklika als »Sozialismus« verschrieen. Und als Papst *Paul VI. Populorum Progressio* herausbrachte, sprach »Wallstreet Journal« wiederum von »aufgewärmtem Marxismus«. Die Reaktionsweise ist also alt und vertraut: daher ist es auch normal, daß eine harte Reaktion gegenüber der Option der lateinamerikanischen Theologie erfolgte, die ja nicht nur eine zufällige, sondern eine zentrale und reflektierte Entscheidung beinhaltet und viele christliche Gemeinden bestimmt. Die Reaktion liegt in der Sache selbst, es gab sie auch schon früher.

Josef Sayer: In den für Präsident *Reagan* bestimmten Geheimdokumenten von Santa Fé wird von einer »Infiltration« der Religionsgemeinschaft mit kommunistischen Ideen gesprochen.

Gustavo Gutiérrez: Wenn von der Armut und den strukturellen Ursachen der Armut zu sprechen kommunistisch ist, dann muß man sagen, daß es diese Ideen in den christlichen Gemeinden gibt und daß sie ihnen aus Texten zufließen, welche die Bischöfe Lateinamerikas gezeichnet haben, d. h. die gesamtlateinamerikanischen Bischofskonferenzen von Medellín und später Puebla. Armut, Ausbeutung und Ungerechtigkeit sind keine kommunistische Ideen.

Josef Sayer: Anfang der Sechziger Jahre, zur Zeit der linken Militärregierung, hat die peruanische Bischofskonferenz in einem Hirtenbrief den Sozialismus gefordert. Mit dem politischen und wirtschaftlichen Rechtsrutsch seit Mitte der Siebziger

Jahre schien jedoch auch ein Teil der Bischöfe von einem Umdenkungsprozeß erfaßt worden zu sein. Jedenfalls reden einige heute doch anders, wie damals, als sie noch die Forderung nach einem Sozialismus unterschrieben haben. Es scheint durchaus, daß auch diese Bischöfe nicht so abgehoben sind vom soziopolitischen Kontext, wie zuweilen vorgegeben wird.

Gustavo Gutiérrez: Es gibt keine mechanische Abhängigkeit der Sprache der Bischöfe vom politischen Kontext Perus. Sicherlich stellt das soziale oder das politische Moment für jede Haltung und jeden Text einen Faktor dar, ich betone, *einen* Faktor. Das Dokument, das Sozialismus forderte, wurde drei Jahre nach Medellín geschrieben, von dem sehr starke Impulse ausgingen: dies ist ein weiterer Faktor. Aber hier handelte es sich nicht nur um einen Text, sondern um eine Haltung, und die war nicht von der progressistischen Militärregierung bestimmt. Als die Bischöfe von Sozialismus sprachen, war die Basis, waren die engagierten Gruppen und Gemeinden sehr viel geringer an Zahl. Heute sind sie sehr viel zahlreicher, sehr viel engagierter und werden deshalb auch stärker von den Mächtigen angefeindet. Was sich ereignete, war kein Rückschritt, sondern ein Voranschreiten, denn man kann die Situation nicht nur aufgrund von einzelnen Texten oder Anekdoten beurteilen. Vor einiger Zeit fragte mich jemand, was denn mit der Kirche in Lateinamerika geschehen sei? Vor 16 Jahren hätten wir Medellín und Bischöfe wie *Hélder Câmara* gehabt und nun eine Reihe von konservativen Texten, einen anderen Typ von Bischöfen und auch Schweigen. – Ich antwortete ihm, daß wir vor 16 Jahren keinen Bischof *Romero* hatten. Das Zeugnis von Monsenõr Romero bedeutet ein immenses Voranschreiten. Warum spricht man nicht davon? In Wirklichkeit gab es in diesen Jahren eine immer stärker werdende Einwurzelung der Kirche Lateinamerikas, und darin der peruanischen Kirche, in die Welt der Armen. Es gibt einen Fortschritt, weil es ein Voranschreiten in der Vertiefung ist, die für die Zukunft eine immense Aufgabe eröffnet.

VIII. Befreiung und Versöhnung

Josef Sayer: Es gab die voranschreitende Einwurzelung in die Welt der Armen Lateinamerikas, es gab eine Vertiefung der Ideen, der Haltungen und des Engagements der Bischöfe. Auf der anderen Seite veröffentlichte die Glaubenskongregation 1984 jedoch eine Instruktion zur Theologie der Befreiung, und die Bischöfe Perus wurden vom Heiligen Stuhl zu einer Versammlung nach Rom berufen, um das Thema der Theologie der Befreiung dort zu behandeln. Schließlich besuchte Papst *Johannes Paul II*. Peru persönlich. Wiederholt konnte man auch hier in Peru wie in den reichen Ländern erfahren, der Papst habe die Theologie der Befreiung verboten. Vielleicht wollten die Medien und die sie bestimmenden Kreise verschleiern, daß es sich hier um ein kirchenweites Phänomen handelt, um eine Strömung, die einen guten Teil des kirchlichen Lebens Lateinamerikas formt, ja Ausdruck dieses Lebes ist. So ist zum Beispiel die Mehrheit der brasilianischen Bischofskonferenz mit ca. 360 Bischöfen dieser Richtung zuzurechnen, und in nahezu allen Bischofskonferenzen Lateinamerikas gibt es Vertreter der Theologie der Befreiung. Dies gilt auch von den Theologen, Priestern, Ordensleuten und insbesondere den Laienmitarbeitern. Vor allem sind die christlichen *Comunidades* (Basisgemeinden) zu nennen, deren Zahl in die Hunderttausende geht. Um etwas salopp zu sprechen: Ein solches Phänomen kann man nicht einfach »verbieten«, was ja hieße, daß ein Teil der Kirche, inklusive deren Bischöfe, einfach »verboten« werde.

Gustavo Gutiérrez: Niemals hat der Papst die Theologie der Befreiung verboten, weder in Rom noch hier oder sonstwo, niemals. Während seines Besuches in Peru erwähnte der Papst fünfmal das Dokument der peruanischen Bischöfe über die Theologie der Befreiung, das ja eher ein Dokument zugunsten der Theologie der Befreiung ist, und zwar gerade auch, weil es eine Reihe von Beobachtungen und Kritiken enthält, die sehr nützlich sind. Gewisse Kommunikationsmedien glaubten, aus jedem Satz des Papstes eine Bemerkung über die Theologie der

Befreiung herauslesen zu können. Dies hat mit der Wirklichkeit gar nichts zu tun. Der Besuch des Papstes, der vom peruanischen Volk sehr gut aufgenommen wurde, zeigte sich im Gegenteil als sehr fruchtbar. Die abschließenden Sätze des Papstes in Villa el Salvador sind ins Gedächtnis des peruanischen Volkes eingraviert: »Daß doch der Hunger nach Gott bleibe und daß doch der Hunger nach Brot verschwinde; ihr alle habt das Recht, Brot auf eurem Tische zu haben.« Solche starken Erklärungen sind viel wichtiger als die explizite Approbierung der Theologie der Befreiung: Denn sie sprechen gerade aus, was wir von seiten der Theologie der Befreiung sagen wollen.

Josef Sayer: Zuweilen führen jene, welche die Theologie der Befreiung anklagen und sie gerne vom Papst verboten sähen, den Vorwurf ins Feld, es würde eine Parallelkirche gebildet.

Gustavo Gutiérrez: Die Parallelkirche ist eine Fabel, eine pure Erfindung der Kritiker; es wird jetzt notwendig, solchen Fabuliereien ein Ende zu setzen. In der Theologie der Befreiung und der lateinamerikanischen Kirche haben wir bewiesen, daß wir, die wir ernsthaft in einer Perspektive der Armut und der Befreiung stehen, eine klare, ausdrückliche und organische Zugehörigkeit zu den Bischöfen haben.

Josef Sayer: Im Januar fand in Arequipa ein Kongreß über die sogenannte »Theologie der Reconziliation« (Theologie der Versöhnung) statt. Im Osservatore Romano vom 24. 3. 1985 schreibt *Lopez Trujillo,* Erzbischof von Medellín, die Theologie der *Reconciliation* könne »aufgrund der ihr eigenen Natur all das Positive einer genuinen Theologie der Befreiung aufnehmen und als Korrektiv zu den Abweichungen in einigen Punkten dienen, welche die Glaubenskongregation anklagte«. Lopez Trujillo führt weiter aus, die Theologie der *Reconciliation* habe »ihren eigenen Wert und ihr spezifisches Gewicht«. Worin liegt der eigene Wert und das spezifische Gewicht dieser Theologie?

Gustavo Gutiérrez: Die Versöhnung ist ein großes christliches Thema, das niemand an sich reißen kann als wäre es sein Privateigentum. Es verhält sich damit wie mit dem Thema der Befreiung, das ja auch nicht einigen wenigen gehört. Wir haben

nie daran gedacht, daß wir die Eigentümer der Befreiung wären, nur weil wir von der Theologie der Befreiung sprechen. Der Dienst der Versöhnung ist allen Christen aufgegeben. Und es steht allen frei, ihre theologische Reflexion aus diesem zentralen Thema zu entwickeln, um von ihr aus andere Aspekte der christlichen Botschaft aufzunehmen. Eine Theologie der Versöhnung der Theologie der Befreiung entgegenzusetzen, das wäre absurd. Die »Theologie der Reconciliation« ist vorläufig nur ein Name, der erst noch durch weitere Arbeiten gefüllt werden muß. Wo liegt die Entgegensetzung? Das Wort *Re-conciliation* (Wieder-Versöhnung) selbst will ja sagen, daß es vor ihr keine Versöhnung mehr gab und wir zur Versöhnung zurückfinden können. *Wiederversöhnen:* das heißt, daß es eine Situation des Bruches gab, eine Konfrontation, ein Konflikt zwischen den Menschen und Gott und zwischen den Menschen selbst. Die Theologie der Befreiung handelt aber gerade von diesem grundlegenden Konflikt, der sich in der Geringschätzung der Armen exemplarisch zeigt. Frei heraus gesagt scheint mir jede Entgegensetzung von Theologie der Befreiung und Theologie der *Reconciliation* theologisch wenig ernsthaft zu sein. Vielleicht folgt sie andern als theologischen Motiven.
Josef Sayer: Für die Entwicklung der Kirche Lateinamerikas und der Theologie der Befreiung war und ist das Zweite Vatikanische Konzil von großer Bedeutung. Worin besteht – 20 Jahre nach dem Ende des Konzils – seine bleibende Bedeutung für Lateinamerika und die Theologie der Befreiung?
Gustavo Gutiérrez: Was sich in den letzten zwanzig Jahren in Lateinamerika ereignete, ist ohne das Konzil nicht erklärbar. Das Konzil war ein Ereignis von universaler Dimension und einem Einfluß in Lateinamerika, der hier zwar langsamer war, dafür aber auch tiefgehender als in Europa. Medellín hatte ja gerade zum Thema, die lateinamerikanische Wirklichkeit im Licht des Vatikanums II zu prüfen: Die entscheidende Bedeutung dieser Selbstprüfung ist unbestritten. Aber die großen Ereignisse und Impulse laufen Gefahr, sich zu verlieren und daher müssen wir heute sowohl den Geist als auch die Texte dieses Konzils wieder

neu aufnehmen. Ich insistiere auf Geist *und* Text, weil sich der konziliare Geist in seinen Texten und Dokumenten inkarniert. Ich weiß wohl, daß er sich nicht durch die Dokumente begrenzen läßt, aber man kann ihn nicht so davon trennen, daß wir in eine Art von konziliaren Spiritualismus verfallen. Das symbolträchtige Datum von »vor 20 Jahren« kann ein Impuls zur Neuaufnahme dieses Konzils sein, mehr nicht. Denn die Thematik des Konzils, die für immer gültig und reichhaltig bleibt, könnte auch hier für viele der Probleme, vor denen wir heute in Lateinamerika stehen, Lösungsansätze bieten, wenn wir sie im Geist und mit den Texten von Medellín und Puebla fruchtbar machen und die Erfahrungen der christlichen Gemeinden und unsere eigene theologische Reflexion dieser Jahre hinzufügen. Ein Monat, bevor die Arbeiten des Konzils begannen, sprach *Johannes XXIII.* von der »Kirche der Armen«, dies bleibt eine tiefe Inspiration für die Kirche Lateinamerikas.

Josef Sayer: Welche Hoffnungen und Wünsche, Erwartungen und Forderungen – wir sprachen ja auch von Konflikten – erwachsen aus dieser Inspiration im Hinblick auf die Kirche und die Theologen in den reichen Ländern?

Gustavo Gutiérrez: Ich habe gerade eine Arbeit über *Johannes XXIII.* von dem italienischen Historiker *Alberigo,* einem guten Freund, gelesen, der etwas sehr Richtiges herausstellte: Über Johannes XXIII. arbeitend hat man nicht den Eindruck, daß man über die Vergangenheit arbeitet, sondern über die Zukunft. Die Gestalt Johannes XXIII. wächst mit dem Vergehen der Zeit, seine prophetische Gestalt wird für die gegenwärtige Kirche immer bedeutender. Die Christen und Theologen Europas möchte ich bitten, daß sie sich auf den Versuch einlassen, unsere Realität, unsere Welt nicht nur über Slogans und Klischees wahrzunehmen, sondern daß sie ein wenig unsere Welt der Armut und so auch die Theologie, die aus dieser Welt der Armut entsteht, kennenlernen. Es ist dies die einzige Art, verstehen zu können, was wir machen. Ich möchte auch die vielen Christen Europas bitten, daß sie unsere Themen nicht aus dem Kontext reißen und uns nicht als Waffen für einen innereuropäischen

Kampf gebrauchen. Es ist oft bestürzend, zu sehen, wie sich gewisse Themen der Theologie der Befreiung – aus ihrem Kontext gerissen – in eine Art Kampfmittel für Europa verwandeln. Ich möchte gerne um Annäherung bitten, um eine Hilfe, wie es sie bereits von vielen Christen und Theologen gibt, die sich den Problemen der Dritten Welt und dem besonderen Problem Lateinamerikas öffnen. Die Theologie der Befreiung – und das gilt auch für mich persönlich – hat sehr gute und wahrhaftige Freunde, die unsere Perspektive wirklich verstehen und die eine große Hilfe in den Auseinandersetzungen sind, die wir hier im Inneren der lateinamerikanischen Gesellschaft haben. Sie stützen unser Engagement, das wir im Innern der Kirche Lateinamerikas brauchen.

Josef Sayer: Vergangenes Jahr reiste ich nach drei Jahren Arbeit in Peru besuchsweise nach Europa. Ich konnte ein großes Interesse an dem feststellen, was sich in der Kirche Lateinamerikas tut. Mit gesteigertem Interesse verfolgte man die Auseinandersetzung um die Theologie der Befreiung. Aber das Bild, das man sich draußen macht, ist oft geprägt durch Vorstellungen von »Konflikt«, »Kampf«, »Klassenkampf« und überhaupt einer sehr kämpferischen Sprache. Manchmal schien mir, als würde über all diesem »Konfliktvokabular« die tiefe und reichhaltige Erfahrung, die wir in Peru machen, zu kurz kommen: das Befreiende an der Theologie der Befreiung, die Freude, die in den Basisgemeinden und in den von der Theologie der Befreiung inspirierten Kreisen zu Hause ist und letztlich auch die Fähigkeit, den befreienden Gott und seinen Sohn Jesus Christus als den Befreier zu feiern. Wie formulierte doch *Nietzsche:* »Bessere Lieder müßten sie mir singen, daß ich an ihren Erlöser glauben lerne: erlöster müßten mir seine Jünger aussehen« . . .

Gustavo Gutiérrez: Die Erfahrung der Freude ist eine der großen Erfahrungen des armen Volkes Lateinamerikas. Ungeachtet der harten Situation und der Leiden des Volkes verstehen es die Armen, ihre Hoffnungen und ihre Freude sehr hoch zu halten. Ich habe von einer Frau in einer kirchlichen Gemeinde eine sehr einfache Unterscheidung gelernt, die mir früher verborgen blieb:

Sie unterschied zwischen Leiden und Trübsinn und sagte, daß der Freude nicht das Leiden entgegensteht, sondern der Trübsinn. Sie hat recht: Das Volk, das viel leidet, bleibt trotz allem fröhlich. Hier besteht kein Gegensatz. Trübsinn dagegen bedeutet, sich in sich selbst zu verschließen und sich der Zukunft zu verweigern. Hier liegt die Ursache für die Schönheit der liturgischen Feiern und der Eucharistie: Sie werden von einem leidenden Volk beseelt, das Hoffnung hat, zu feiern. Darin findet sich eine Botschaft der Armen nicht nur für die Europäer, sondern auch für uns, die lateinamerikanische Kirche und für alle Lateinamerikaner. Vielleicht liegt darin auch die Wahrheit, daß die Armen Lateinamerikas mit ihrer Freude die Kirche Lateinamerikas evangelisieren.

Pastoral der Befreiung
Erfahrungen mit der »Kirche der Armen«

Von Josef Sayer

I. Wo ist die Kirche der Armen?

»Padre, eine Messe für die Alma meines Vaters und dann eine für die Alma meiner Mutter«. »Haben die beiden getrennt gelebt?« »Wieso? Nein . . . Sie haben immer in dem Haus gelebt, wo ich auch wohne, Du kennst es.« – »Und jetzt, da sie, wie wir hoffen, bei Gott sind, willst Du sie trennen, zuerst eine Messe für die Seele Deines verstorbenen Vaters und dann eine für die Mutter?« – »Padre, ist meine Messe die erste?« – »Padre, wann kommt meine dran?« – »Deine ist auch die erste; wir feiern nur eine Messe.« – »Ah, Padrecito, ich verstehe, es ist nicht genug, was ich bezahlt habe, wieviel kostet eine Messe?«
Dies war eine alltägliche und grundlegende Erfahrung, vor allem der ersten beiden Jahre unserer Tätigkeit im Distrikt: Jeder will *seine* Messe, eine Privatmesse. Dafür bezahlt er. Das macht an Festtagen 15, 20, 25 und mehr Messen. Der Vorgänger entsprach ihnen und förderte diese »Sakramentenparzellierung«. Jedem seine Messe, – für Bezahlung, versteht sich. »Messen« im Fünf- bis Siebenminutentakt, unterbrochen durch das Aufschreiben der Namen und den Wechsel der Personen, die bezahlen und vor dem Altar auf besonderen Kniebänken Platz nehmen.
Welches Verständnis von Eucharistie und Sakrament wurde auf diese Weise vorgeführt, welche kirchliche Gemeinschaft sichtbar? Welches Gottes- und Christusbild wurde den Menschen in einer dieser »Schnellmessen« vermittelt? Während der Kantor

noch das »Herr-erbarme-Dich-unser« sang, war der Priester bereits beim Evangelium. Wie konnte dies eine »frohe Botschaft« werden, wenn es der Priester nur immer wieder für sich selber eilig und rituell herunterlas? Gottes Wort wurde weder öffentlich verlesen noch in einer ja zeitraubenden Predigt verkündet: Wort Gottes ohne Volk Gottes – Volk Gottes ohne Wort Gottes. Statt dessen nutzte ein händlerisch sich gebärender Sakramentalismus die religiösen Gefühle der Menschen aus. Vorsichtig noch und etwas bange drängte sich das kritische Bewußtsein vor: Das kann doch nicht alles sein, was an christlichem, kirchenoffiziellen Glauben in dem Distrikt »vermittelt« wird ... Intensiv und geduldig mußt du beobachten, dachte ich mir, und darfst nicht vorschnell wohlorganisierte deutsche Pfarreivorstellungen hierher übertragen.
Aber wo ist die »Kirche der Armen«? Wo ist die Kirche, die sich, inspiriert von der Theologie der Befreiung und den Gesamtlateinamerikanischen Bischofskonferenzen seit Medellín (1968) und Puebla (1979) entwickelt hat? Wo ist dieser Geist, den doch seit Medellín auch Hirtenbriefe der peruanischen Bischofskonferenz und der Bistümer des Surandinos in Peru atmen und verbreiten: Wo ist das diesem Geist entsprechende Leben im Distrikt?
Solche Fragen drängten sich auf, nicht nur, weil seit Medellín fast 15 Jahre vergangen waren, Puebla noch in aller Munde war, Peru und der Surandino wegen seiner kirchlichen Dokumente und wegen der international renommierten Vertreter der Theologie der Befreiung bekannt waren. Hatte ich nicht in dem nur etwa fünfzig Kilometer entfernten Cuzco an einer Bischofskonferenz teilnehmen können, wo Bischöfe aus ganz Lateinamerika eine Woche gemeinsam mit Priestern und Laien und auch mit »einfachen« *Campesinos* (Kleinbauer) tagten und zusammenlebten? Für mich, eben aus der Bundesrepublik Deutschland angekommen, war dies eine ungewohnte Erfahrung: der direkte und unkomplizierte Kontakt zwischen Bischöfen, Priestern und Laien, der unmittelbare Informationsaustausch, der nicht durch einen bürokratischen Apparat vorgefiltert war. In Kommissionen

und Plenarien standen der Beitrag eines Bischofs durchaus neben dem eines Campesinos, ja, ich hatte den Eindruck, daß gerade die Beiträge der Campesinos besonders aufmerksam gehört wurden: Sie sprachen von ihrem kargen Leben und von Gott in diesem kargen Leben. Ihre Glaubenserfahrung schien allen besonders wichtig zu sein.

II. Die Situation der Abhängigkeit

Seiner Bevölkerungsstruktur nach unterscheidet sich der Distrikt mit seinen ca. 15000 Einwohnern nicht von dem für Entwicklungsländer typischen Erscheinungsbild der Situation auf dem Lande. Mit dem großen Kinderreichtum und einem hohen Bevölkerungsanteil der bis 25jährigen verbindet sich eine ganze Fülle von Problemen, von denen einige sofort in die Augen springen: die äußerst prekäre Ernährungslage vor allem bei Kleinkindern und in deren Folge physiologische und mentale Entwicklungsstörungen; die Überforderung des ohnehin unzureichenden Schulsystems; das völlige Fehlen von Ausbildungsplätzen und der Mangel an Arbeitsmöglichkeit, die starke Abwanderung in die Elendsviertel der Großstädte, hauptsächlich nach Cuzco und Lima. Die Analphabetenquote der über 16jährigen liegt nach einer Untersuchung bei 80% sowie erreicht bei den rein quetchuasprechenden Frauen nahezu 100%. 95% der Bevölkerung bilden als Nachkommen der ursprünglichen Andenbewohner die abhängige Unterschicht, während die 5% der Mestizen (spanischer Herkunft) als Oberschicht des Distriktes auf die Campesinos nicht nur herabschauen, sondern sie auch für Dienstleistungen ausnützen und in der traditionellen Abhängigkeit halten wollen.
Die Fakten des Mangels, die den niederen Lebensstandard der Unterschicht prägen, sprechen für sich selbst: Mit Ausnahme von zwei Dörfern gibt es kein gefaßtes Trinkwasser, wobei hinzukommt, daß das ohnehin knappe Trinkwasser in den meisten

Dörfern auch verunreinigt ist. Abwasserfassungen und Toiletten gibt es nicht, sowenig wie elektrisches Licht, obwohl eine Hochspannungsleitung durch die Region gespannt wurde. Mit Ausnahme einer befestigten Straße, die am Rande des Distrikts vorbeiführt, sind die Dörfer nur durch unbefestigte Feld- oder Fußwege miteinander verbunden. Das staatliche Gesundheitswesen spottet jeder Beschreibung: lediglich ein Sanitäter – mit einer schlechten Ausbildung von nur einigen Monaten – war für den ganzen Distrikt zuständig. Einen Arzt oder eine Krankenschwester gab es nicht. Es wundert nicht, daß sich als häufigste Todesursachen an erster Stelle Bronchitis, gefolgt von Lungenentzündung, Anämie, Erkrankungen des Verdauungstraktes und Tbc finden, Krankheiten also, die in reichen Ländern wie der Bundesrepublik aufgrund der Gesundheitsversorgung aus der Liste der Todesursachen fast ganz getilgt werden konnten. Die Kindersterblichkeitsrate (Kinder unter 5 Jahren) wird amtlicherseits mit 145 auf 1000 Lebendgeburten angegeben; sie liegt aber nach Beobachtungen vor Ort erheblich höher (in der Bundesrepublik liegt sie bei 12/1000).

Die Menschen leben fast ausschließlich vom Ackerbau und wirtschaften für ihre eigene Subsistenz; die Ausnahme bilden nur die Handvoll Hazienda-Besitzer und die ganz wenigen reichen Bauern. Die Hauptprobleme der Klein- und Kleinstbauern liegen in den fehlenden Bewässerungsmöglichkeiten und den periodisch auftretenden Dürrejahren sowie in der Abhängigkeit vom Markt. Denn der Markt legt einerseits die Preise für die Güter fest, die zur landwirtschaftlichen Produktion benötigt werden (wie Geräte und Spritzmittel), andererseits diktiert er aber auch die Preise für die landwirtschaftlichen Produkte selbst. Dabei werden keinesfalls die realen Produktionskosten zugrundegelegt, vielmehr werden die Preise für die landwirtschaftlichen Produkte künstlich gedrückt, damit die Lohnkosten für die Arbeit in den Städten, insbesondere in der industriellen Produktion, niedrig gehalten werden können. Die Last für diese Preispolitik hat der Campesino zu tragen. Er kriegt auch die Folgen der hohen Staatsverschuldung zu spüren, ohne daß er von den ausländischen Krediten mitprofitieren würde: die durch den internationalen Währungsfond diktierte Geldentwertung wirkt sich für ihn am härtesten aus. Denn die wenigen Güter, die er nach der Ernte auf den Markt bringen kann, erhalten nicht nur einen geringen Preis, sondern dieser wird durch die zwischen 100% und 200% liegende Inflation und Geldentwertung im Laufe des Jahres auch noch »aufgefressen«. Von der staatlichen Förderung von landwirtschaftlichen Großbetrieben und der Exportindustrie kann der für die Existenz seiner Familie wirtschaftende Kleinbauer keinen Gewinn ziehen. Die für dieses Wirtschaftsprogramm der Regierung benötigten Kredite sind im Gegenteil Mitverursacher seiner Misere. Außerdem wird man weiter fragen müssen, ob der Campesino – wie auch die Regierung seines Landes – für die Überbewertung des US-Dollar und des US-Zinsniveaus verantwortlich sind, um nur zwei der externen Faktoren zu nennen, die sich über die Politik des Internationalen Währungsfonds in ihren Folgen ganz konkret bis in das Leben der Bauern auswirken. Aber auch schon durch den kleinen Zwischenhandel und durch die Preisabsprachen der Ladenbesitzer in der Distriktshauptstadt werden die abgesonderten Gemeinden und die Campesinos, die ja ihre Einkäufe nur in der Hauptstadt tätigen können, spürbar getroffen.

Auch in rechtlicher Hinsicht erfährt der Campesino seine Bevormundung: Das Amt der beiden Friedensrichter (Laienrichter) liegt in der Hand einiger Mischlingsfamilien, die nach Angaben der Campesinos den Provinzrichter bestechen, damit sie dieses Amt erhalten. Sie selbst gelten in ihrer Rechtssprechung wiederum als bestechlich und beuten den Campesino aus: Recht erhält, wer mehr Geld oder Naturalien bezahlen kann.

Die Campesinos erfahren sich als abhängig und ausgesetzt. Der Lebensunterhalt muß der Natur mühsam abgerungen werden: Das Schwanken zwischen Mißernten und Ernten ist ein Schwanken zwischen Enttäuschung und Hoffnung, denn schon eine einzige Mißernte kann Not, Elend und ganz konkret den Tod bedeuten, insbesondere für Kinder und Alte. Der Campesino erfährt sich als abhängig vom Markt, der Stadt und der Regierungspolitik: Seine

Arbeitskraft wird von den Mischlingen unterbewertet und seine Produkte werden auf dem Markt unterbezahlt; die Landregion wird von der Regierung vernachlässigt und die Gesetzgebung läßt gerade die breite Masse der Kleinbauern unberücksichtigt: Sie fördert statt dessen exportorientierte Großbetriebe. Dazu kommt – was schwer zu tragen ist – kulturelle Geringschätzung und Verachtung der Campesinos durch die Mischlinge und durch die Stadtkultur. Das Abhängig- und das Ausgesetztsein, das Bewußtsein von einem frühen und vorzeitigen Tod: das sind elementare Erfahrungen der Campesinos. Welches Lebens- und Selbstwertgefühl können Menschen in einer solchermaßen dem Leiden ausgesetzten, abhängigen und ausbeuterischen Lebenswelt entwickeln?
Die Situation der Armut fordert den kirchlichen Glauben heraus. Wie kann man in dieser Situation von Gott als dem Vater, von Jesus Christus als dem Erlöser und vom Heiligen Geist als dem Befreier sprechen? Was bedeutet kirchliche Gemeinschaft in diesen unseren Gemeinden?
Um zu ermessen, was diese Frage wirklich bedeutet, muß in einigen Strichen zuerst das kirchenoffizielle Bild von der Pastoral gezeichnet werden, das wir in der Pfarrei zu Beginn unserer Tätigkeit vorgefunden haben.

III. Die traditionelle Pastoral

Unsere Gemeinde ist – für peruanische Verhältnisse – schon eine alte Pfarrei, sie reicht ins 17. Jahrhundert zurück. Abgesehen von einigen Ausnahmen sind alle Bewohner des Distrikts katholisch. In den letzten Jahren gab es verschiedene Versuche von fundamentalistischen Sekten aus den USA, in den Distrikt einzudringen. Begünstigt wurde dies insbesondere dadurch, daß seit etwa 20 Jahren der Pfarrer – also unser Vorgänger – nicht mehr in seiner Gemeinde wohnte. Er hatte sich in dem klimatisch begünstigteren »Tal der Inkas« niedergelassen. Er kam sonntags in

seinen Pfarrdistrikt, dessen höchstgelegene Dörfer auf 3800 Meter liegen, um in seinem Zentralort die Messe zu feiern. Nach Aussagen der Bewohner scheint allerdings auch dies nicht regelmäßig der Fall gewesen zu sein. Zwei weitere Gemeinden, die mit einer Zufahrtsstraße versorgt waren, weil in ihnen auch einige reichere Bauernhöfe liegen, besuchte er häufiger, d.h. wenn Messen bestellt worden waren, während er die übrigen Gemeinden nur ein- bis zweimal jährlich aufsuchte, um die Festmesse zu zelebrieren. Wie eingangs erwähnt, beschränkte sich seine Tätigkeit bei Festen auf den rituellen Vollzug einer Vielzahl von Messen. Obwohl zu diesen Festen die meisten der Bewohner zusammenkamen, waren die Messen nicht gemeinschaftsstiftend. Denn die Messe »gehörte« dem, der sie bezahlt hatte; zählte man zu der betreffenden Familie oder zu deren Freundeskreis, so nahm man daran teil. Jene, die keine Messe zu Ehren des betreffenden Heiligen lesen ließen, knieten zur Privatandacht vor der Statue des Heiligen, entzündeten eine Kerze vor ihm und beteten still für sich. Der Sakramentsvollzug bei der Messe ging nicht soweit, daß man kommunizierte. Dies besorgte der Priester für alle; man hatte ja bezahlt und unter Umständen die Kerzen für den Altar oder besonders reich verzierte und große Kerzen zu Ehren des betreffenden Festheiligen gestiftet.
Früher, so berichten die Campesinos, wurde während der Fastenzeit in den verschiedenen Gemeinden Mission gehalten. Dabei gab es dann eine Generalbeichte und Generalkommunion, was heißt, daß anläßlich dieser »Mission« alle Dorfbewohner zum Beichten und in einer bestimmten Messe zur Kommunion gehen mußten. Von daher rührt auch das Verständnis, als könne man die Eucharistie nur nach vorheriger Beichte empfangen – und dies tue man eben anläßlich der Mission. Da während der letzten Zeit nun aber keine solche mehr stattgefunden hatte, waren Beichte und Kommunion überhaupt aus der Mode gekommen. »Mission« hieß, daß der Pfarrer mit einem Vertreter während der sechs Tage entweder täglich zum Messelesen ins Dorf kam oder während der paar Tage sogar im Dorf wohnte. Der Vorbeter brachte den Leuten einige zentrale Gebete wie das »Vater unser«,

das »Ave Maria«, das Glaubensbekenntnis und das »Confiteor« bei, er übte etliche Lieder ein und betete täglich den Rosenkranz vor. Der Pfarrer las die Messen, taufte und hörte die Beichte (»Generalbeichte«). Während der Messe betete das Volk unabhängig vom Messegeschehen unablässig die gelernten Gebete vor sich hin. Nachmittags – wie die Campesinos berichten – besichtigte der Pfarrer mit dem Mayordomus die Felder, von denen er während der Ernte die »Primicias« bekam, das heißt von jedem Feld je eine Furche Kartoffeln oder Mais; auch sichtete er den Viehbestand, da er von jedem Bauern ein Schaf einforderte oder, falls keine vorhanden waren, ein Huhn . . . Die Mission war mit den ökonomischen Interessen des Pfarrers gut verkoppelt.
Eine tiefere Glaubensunterweisung oder gar eine Katechese als eine fortschreitende Glaubenserziehung ließ sich aus der Erinnerung und den Aussagen der Campesinos nicht erheben. So gab es auch für die Taufe keine Vorbereitung. Man suchte sich bei Festen oder anläßlich der Mission einen Taufpaten, wurde notiert und nachdem man bezahlt hatte erfolgte die Taufe. Trauungen wurden nach Vereinbarungen geschlossen, und zwar wiederum ohne jede Vorbereitung: Das Brautpaar mußte beichten, wobei der Pfarrer kontrollierte, ob die obligatorischen Gebete (wie das »Vater unser«) auswendig gelernt waren. Angemerkt sei, daß eine kirchliche Trauung nicht sehr häufig ist, da die Campesinos nach wie vor der aus der Inkazeit übernommenen Tradition des Servinakuy folgen, nach welcher eine kirchliche Eheschließung, wenn überhaupt, erst Jahre später erfolgt, d. h. erst, wenn man sie sich ökonomisch leisten konnte. Eine Firmung gab es seit ca. 20 Jahren nicht mehr. Eine Krankenbetreuung (auch Krankensalbung), Begleitung der Sterbenden und Beerdigungen erfolgten zur Zeit des Vorgängers nicht. Die Sakramente wurden nur unregelmäßig und dabei in einer sakramentalistischen und rituellen Weise gespendet, ohne daß damit eine Glaubensbildung verbunden gewesen wäre. Inwieweit sie auf diese Weise tatsächlich auch für die Gläubigen bewußt wirksame Heilszeichen, das heißt »Sakramente« wurden, bleibt eine offene Frage.
Wie stand es mit der außersakramentalen Katechese? Zur Zeit des

Vorgängers gab es keinen Religionsunterricht und erst recht keine Erwachsenenkatechese oder gar Erwachsenenbildung. An Pfarreiorganisation existierte einige Jahre im Zentralort ein Mütterverein, der auf der Basis von Lebensmitteln der Caritas funktionierte: Sie wurden an die Mütter verteilt. Die Mitarbeit des Pfarrers beschränkte sich dementsprechend darauf, das jährliche Gesuch um Lebensmittel an die Caritas zu unterschreiben. In ähnlicher Weise existierte während dieser Zeit auch die Gruppe des Dritten Ordens der Franziskaner. Sie beschränkte sich darauf, eine Novene sowie das Fest der heiligen Elisabeth durchzuführen und den Priester anläßlich des Festes zu beköstigen.

Die kirchenoffizielle Pastoralarbeit war durch einen sporadischen, unsystematischen und sakramentalistisch-händlerischen Charakter gekennzeichnet; eine Glaubensbildung im eigentlichen Sinne war sie nicht. Der herausragende Befund dürfte sein, daß die Sakramente, insbesondere das der Eucharistie keinen kirchlich-gemeinschaftlichen Stellenwert hatten. Ganz im Gegenteil.

Die Messe war fast ausschließlich Privatmesse und diente der Vereinzelung und Aufsplitterung, um auf diese Weise die Einnahmen des Priesters zu erhöhen. Der pure Ritenvollzug dominierte; die Wortverkündigung fiel weitgehend aus; die Bibel war eine Unbekannte. Selbst Begriffe wie Altes und Neues Testament kannte man nicht. Auch die Glaubensbekenntnisse waren, etwa nach den Kriterien des Tridentinischen Katechismus (Apostolisches Glaubensbekenntnis, Sakramente, Zehn Gebote und Vater unser) äußerst minimal oder gar nicht vorhanden. Vom Zweiten Vatikanischen Konzil, von Medellín und Puebla, den Pastoraldokumenten der Bischofskonferenz von Peru oder von den Bischöfen des Surandinos haben die Campesinos nie gehört. Sie waren von der ganzen kirchlichen Entwicklung schlicht abgekoppelt; der Zug war ohne sie weitergefahren. Ja, selbst »Kirche« war für sie eine unbekannte Größe: Sie wurde zumeist mit dem Kirchengebäude identifiziert. Kirche als universale Glaubensgemeinschaft oder auch nur als Organisation war kein Begriff. Den Pfarrer erlebte man. Vom Bischof in Cuzco hatte man gehört, aber von seinem Auftrag, von seiner Sendung wußte man herzlich wenig. Schlimmer noch stand es mit dem Papstaberglauben: Im Rahmen des Papstbesuches in Peru kam ja nicht nur ein nahezu völliges Unwissen zutage; die wenigen Personen, die vom Papst gehört hatten oder sich an ganz frühe Unterweisungen während der Dreißiger oder Vierziger Jahre erinnerten, sprachen vielmehr vom Papst als dem »zweiten Gott«, als dem, der auf einer Leiter zum Himmel emporsteigt und seine Anweisung direkt von Gott ins Ohr gesagt erhält und dem man daher auch unbedingt zu gehorchen habe – dies habe der Pfarrer in den 30er Jahren gesagt. Auch erheiternde Mißverständnisse traten auf, so etwa, wenn der Papst mit einer besonderen Kartoffelsorte, nämlich der »papa de Roma« gleichgesetzt wurde, da auf Spanisch die Kartoffel »la papa« und der Papst »el papa« heißt. Als ein befreundeter Pfarrer bei der Sonntagsmesse dieses Mißverständnis ausräumen wollte und in der einen Hand eine Kartoffel hielt und fragte, was das sei, antworteten alle selbstverständlich »papa«. Als er dann auf das in der anderen Hand gehaltene Papstbild wies, riefen sie, dies sei ein »gringo«. Ja, der Papst ist weit entfernt von der Lebenswelt der Campesinos; Rom ist weit von ihrem Dorf, niemand weiß, daß Rom in Italien liegt. Sie leben in Peru, in Südamerika; von Europa haben sie keine reale Vorstellung. Es ist für sie allenfalls eine Chiffre für ein etwas fremdes, schönes, reiches und gutes Leben, – und da wohnt der Papa.

Was die Campesinos von Gott und Jesus glauben, was Gott und Jesus Christus für sie bedeuten, das ist schwer zu sagen. Sie sind arm, ausgebeutet und – gläubig.

»Gott Vater« und »Jesus« werden in eins gesetzt: Wenn bei der Lektüre eines alttestamentlichen Textes von Gott die Rede ist, dann ist das selbstverständlich Jesus. Es existieren verschwommene Vorstellungen vom Leben Jesu, man weiß ein bißchen von den Geschichten um seine Geburt, daß er Wunder tun kann, man weiß um das Leiden und die Kreuzigung . . . Es war eine Gläubigkeit, die kaum am »orthodoxen« Glaubenswissen gemessen sein wollte. Nicht nur, weil ein explizites Wissen um das Alte

Testament, um die Heilsgeschichte Gottes mit dem Volke Israel, um die Propheten und um das Neue Testament fast gänzlich fehlte, sondern auch, weil die Gläubigkeit sich auf eigene Weise mit der Mythologie des Volkes verband: Jesus lebte *nach* den Inkas, was verständlich wird, wenn man bedenkt, daß die Kunde von Jesus mit den Spaniern kam, die das Reich der Inkas zerstörten. Aber eine klare Zeitvorstellung war auch damit nicht verbunden. Jesus lebte »etwa vor einem Jahrhundert«. Kaum einer von den Erwachsenen, auch nicht jene wenigen, die eine Sekundarschulbildung genossen, wußten, daß sich unsere Zeitrechnung nach der Geburt Jesu bestimmt. Selbst in der Abschlußklasse der Sekundarschule war man sich in dieser Frage völlig unsicher. Einige Schüler meinten, Jesus sei im Jahr 1000 geboren. Nach wem wir uns »Christianos« nennen, war unklar, man brachte auch dies nicht mit »Christus« in Verbindung. Diese Details ergeben einen wichtigen Befund: den der *Geschichtslosigkeit, des völligen Fehlens einer heilsgeschichtlichen Perspektive*.
Die vergegenständlichte Glaubenspraxis zeigte sich in charakteristischer Weise an den christlichen Hauptfesten. Während für die Auferstehung Jesu überhaupt keine Vorstellungen existierten, beging das Volk die Karwoche – mit oder ohne Priester – mit zwei großen Prozessionen: am Montag mit einer Darstellung des Kreuzweges, am Freitag durch einen Gang mit dem Herrn im Sarg. Obwohl sich über dem Hauptaltar der Dorfkirche ein Gemälde von der Himmelfahrt Jesu befindet, blieb auch der Inhalt dieses österlichen Festes unbekannt. Pfingsten blieb in der Vorstellung der Campesinos das Fest des »Kreuzes des Señors von Torechayoc«, wobei jede Verbindung zum Heiligen Geist fehlte. So wurde auch am Dreifaltigkeitsfest nur ein bestimmtes Kreuz gefeiert, das den Namen »Trinidad« trägt und vom Bild des Leidensantlitzes Jesu geprägt ist. Ein trinitarischer Glaube war damit so wenig verbunden wie mit dem Kreuzzeichen »Im Namen des Vaters und des Sohnes und des Heiligen Geistes«. Selbst an den Marienfesten wurden von den meisten Campesinos verschiedene Jungfrauen (Virgines) gefeiert, die untereinander als Schwestern galten. Obwohl seit langen Zeiten zum Zentral-

fest der Pfarrei, zum Fest der Aufnahme Marias in den Himmel, die Menschen aus mehreren hunderten von Kilometern zusammenströmten – früher sogar aus dem über 400 km entfernten Bolivien –, wußte in Predigtgesprächen niemand auch nur den Namen, geschweige denn einen Inhalt des Festes zu benennen. Man erzählte statt dessen eine Wundergeschichte über das Erscheinen des Bildes von der Jungfrau an der Chorwand der Dorfkirche.

Am eigenen Leibe bekamen wir die Konsequenz der traditionellen Pastoral am deutlichsten zu spüren. Zu Beginn der Tätigkeit war es geradezu unerträglich, wenn Campesinos in den Hof des Pfarrhauses kamen, um ihre Messe zu bestellen. Sie präsentierten sich mit schwer zu beschreibenden Unterwürfigkeitsgesten, mit Verbeugungen, gefaltenen Händen und einem völlig unterwürfigen Tonfall; sie boten uns nicht die Hand, sondern nur den Unterarm an, den man mit der Hand zu ergreifen hatte; schließlich wurden wir mit vornehmen Titeln als »Papays« angeredet. Anders hielten dies die *Hazenderos* (Hazienda-Besitzer), die reicheren *Mistis* (Mischlinge), die Richter und der Gouverneur selbst; sie verkehrten mit uns von Person zu Person auf der Ebene der Gleichrangigkeit. Schon aus dieser Beobachtung ersieht man, wie die Pfarrer von den Campesinos eingeordnet wurden: Sie gehörten zur Gruppe der Hazienda-Besitzer. Mit den Hazenderos, den Richtern, den reicheren Mischlingen und der Polizei verkehrten die Campesinos in gleicher unterwürfiger Weise. So wurde der Pfarrhof wie eine Hazienda betreten, man klopfte an das Hoftor, wartete und traute sich nicht recht einzutreten; man wartete auf unsere wiederholten Aufforderungen. Dies läßt nun nicht nur auf ein bestimmtes Kirchenverständnis, sondern auch auf die Ausprägung des Gottesglaubens selbst schließen. Der Pfarrer – in Reden oft als Stellvertreter Gottes in der Pfarrei bezeichnet – prägt selbst die Gottesvorstellungen der Campesinos. Gott als ein Repräsentant der Welt der Hazenderos? Sicherlich läßt sich auch der ausgeprägte und reiche Heiligenkult nicht ohne diesen Bezug verstehen. Die Heiligen gelten als Zwischeninstanzen in der Beziehung des Menschen zu Gott,

wobei sie bestenfalls so etwas wie das »menschliche Antlitz Gottes« aufscheinen lassen.
Für die Zwischeninstanzen, ganz besonders für die Pfarrer, hatten die Campesinos nun ihre Dienstleistungen zu erbringen – wie gegenüber den Hazenderos. Die Leistungen wurden in Form von unbezahlter Arbeit, durch Abgabe von Feldfrüchten, Tieren oder Geld geleistet, damit man als Gegenleistung zu den Sakramenten und Segnungen komme, damit die Seelen der Verstorbenen ihren Frieden finden und nicht weiter umherirren, die Lebenden erschrecken und sie schädigen. So gehört die Kirche gerade durch ihre offiziellen Repräsentanten zu der Sphäre der Reichen, welche die Campesinos in Abhängigkeit hielten, wobei wir von vielen Beispielen der Willkür gerade auch durch Pfarrer gegenüber den ihnen ausgelieferten Campesinos zu hören bekamen. Von einer Pastoral im Sinne einer Kirche der Armen, wie sie sich nach dem Zweiten Vatikanischen Konzil zu formen begann und wie sie insbesondere in Medellín, Puebla und den Hirtenbriefen der Bischöfe Perus und des Surandinos ihren Ausdruck fand, und ja auch in den christlichen »Comunidades« sich zu verwirklichen begonnen hatte, war keine Spur zu finden. Vielmehr hatte diese Kirche die reale Armutssituation der Campesinos ausgeblendet, ja den christlichen Glauben und die religiösen Empfindungen mißbraucht, um die vorgefundene Ordnung, d. h. die Über- und Unterordnung als Status quo zu erhalten. Auch im traditionellen Verständnis könnte man dabei kaum von einer systematischen Glaubensunterweisung oder gar einer pastoralen Arbeit sprechen. Eher schon hätte man vom Sakramentenhandel reden müssen. Die Sakramentenspendung war so sehr auf Vereinzelung abgestimmt, daß sie weder der Bildung einer sozialen Gemeinschaft noch der Bildung von Gemeinde diente, sondern allein als Einnahmequelle für den Lebensunterhalt des Pfarrers sichergestellt wurde.
Die Situation, wie wir sie in unserem Distrikt vorfanden, war – nach Aussagen von hauptamtlich in der Pastoral Tätigen – keineswegs ein Einzelfall. Sie muß vielmehr als typisch für die traditionelle »Kirche« in Peru gelten. So hart, kraß und bedrük-

kend diese Situation auch schien, für uns kam alles darauf an, sie erst einmal wirklich zur Kenntnis zu nehmen. Erst von daher läßt sich ermessen, was der Neuaufbruch der Kirche der Armen in Lateinamerika bedeuten mag.

IV. Der Ansatz einer Pastoral der Befreiung

1. Der Standortwechsel

»Welche Antwort sollen wir Christen auf diese Realität geben? Welches sind die Richtlinien und Kriterien für eine wahre und authentische Evangelisierung Lateinamerikas? Welches sind die pastoralen Grundeinstellungen, damit das Evangelium mit seiner gesamten Kraft und ursprünglichen Stärke zu einem aktuellen Ereignis wird«? (Die Evangelisierung in der Gegenwart und in der Zukunft Lateinamerikas. Dokument der III. Generalkonferenz des lateinamerikanischen Episkopats in Puebla, Nr. 1298; wenn nicht anders angegeben, beziehen sich im folgenden die in Klammern gesetzten Nummern auf diesen Text). Das waren die Fragen, die sich uns von Anfang an bei unserer Arbeit und in unserem Leben im Distrikt von Cuzco stellte. Die Situation der Armut der Campesinos und die Defizite der vorgefundenen Pastoral zeigten von sich selbst her, was zu tun war. Denn gemäß den Entscheidungen der gesamtlateinamerikanischen Bischofskonferenzen bilden die Armen gerade den »Ausgangspunkt für die Suche nach Wegen« bei der Evangelisierung; Puebla übernahm und unterstrich ja gerade an vielen Stellen die von Medellín getroffene »klare und prophetische, vorrangige und solidarische Option für die Armen« (1134).

Die Pastoral der Befreiung, die dem kirchlichen Auftrag verpflichtet ist, hat einen grundlegenden Positionswechsel zu vollziehen: Im Zentrum stehen nicht mehr die Hazienda-Besitzer und Mischlinge, der Gouverneur und die Friedensrichter, die Polizei und Geschäftsinhaber und auch nicht mehr der Zentralort des Distrikts, sondern im Zentrum stehen jetzt die Randgemeinden und die Campesinos, ihre Lebenssituation und ihre Probleme. Denn sie und ihre Kultur wurden gering geachtet. Sie sind die Armen, denen die vorrangige und solidarische Option gelten soll: *Sie* sind betroffen vom Hunger, der Unterernährung und dem vorzeitigen Tod ihrer Kleinkinder; unter *ihnen* leben die meisten Analphabeten; *ihre* Kinder erhalten auch jetzt noch nur teilweise eine Schulausbildung, wobei Schulausbildungen von nur ein bis zwei Jahren keine Seltenheit sind; *ihren* Jugendlichen wird die Zukunftslosigkeit gleichsam mit in die Wiege, genauer ins peruanische Tragetuch gelegt; *ihre* Arbeitskraft wird von den Hazienda-Besitzern, den Autoritäten und Geschäftsleuten des Zentralorts nach alter Tradition ausgenützt; *ihre* Produkte erhalten auf dem Markt einen Preis, der sich nicht an den Produktionskosten orientiert; *sie* sind von den laufend steigenden Lebenshaltungskosten und den wachsenden Preisen für die zur landwirtschaftlichen Arbeit notwendigen Geräten und Mitteln besonders betroffen; *sie* haben unter der Ausbeutung durch die Bierbrauereien – Deutsche Gründungen – in Cuzco besonders zu leiden, da sie von ihr nur das Saatgut erhalten, welches sie mit der folgenden Ernte zu bezahlen haben, wobei die Brauerei den Preis bestimmt und der Campesino das Risiko allein zu tragen hat. *Über sie* sprechen die Mestizen als Laienrichter und über sie spricht der Richter in der Provinzhauptstadt sein oft willkürliches, an Bestechungsgeldern orientiertes Recht. *Sie* sind vor allem davon betroffen, daß es im ganzen Distrikt mit ca. 15000 Einwohnern lediglich einen Sanitäter gibt, der sie zudem herabwürdigend behandelt und auf seine Weise ausbeutet; *sie* liegen zuweilen wochenlang ohne Behandlung – selbst bei offenen Brüchen – im Krankenhaus, da der Arzt ja nicht weiß, ob er bezahlt werden wird. *Sie* werden in den staatlichen Ämtern in der Stadt herablassend und abweisend behandelt; *ihre* Kultur wird von den Mestizen und der an der westlichen (d. h. US-amerikanischen) Kultur sich orientierenden Stadt gering geachtet, und zwar dem oft vordergründig dargestellten Stolz auf die Inkazeit zum

Trotz, und nicht zuletzt sind *sie* es, die nach dem soziokulturellen Muster auch von den kirchlichen Amtsträgern links liegen gelassen wurden, wenn keine entsprechende Bezahlung erfolgte.
Die konkreten Beispiele schreien zum Himmel. Ein einziges wenigstens möchte ich nennen. So erreichte während der letzten Dürrezeit Mais und Gerste in einem Randdorf unseres Distrikts nur die Höhe von etwa 25 cm. Die Folge war nicht nur die Verschuldung bei der Bierbrauerei, sondern auch der Ausfall des Futters für das Vieh. Nahezu die Hälfte der Schafe und etwa ein Drittel der Zugtiere und Esel gingen ein. Nun häuften sich die Beerdigungen von älteren Mitmenschen. Da wir sehr verwundert waren, daß nur ältere Menschen, jedoch keine Kleinkinder starben, zeigte uns eine Mutter die bittere und schreckliche Wahrheit. Sie wurde bei der letzten Krankheit ihres Kindes von ihren Nachbarinnen drängend gefragt, warum sie es denn nicht sterben ließe, da sie es mit ihren anderen gesunden Kindern in der Dürrezeit schwer genug haben werde. Erst daraufhin entdeckten wir die frischen Kindergräber auf den Friedhöfen. Sie waren vor dem sechsten Lebensjahr verstorben, und da sie deshalb als »Angelitos« (Engelchen) galten, war uns ihr Tod für ein Begräbnis erst gar nicht mitgeteilt worden.
Wie soll man darauf reagieren? Soll man in dieser Situation das Lebenserhaltungsgebot einschärfen? Gewiß: »Du sollst nicht töten«. Wie kann man aber den Müttern in dieser Situation der Armut mit einem Gebot begegnen? Wie kann und muß man dem Leben dienen in einer Situation, wo es um das schiere Überleben geht? Einen Standortwechsel vollziehen und die solidarische Option für die Armen treffen, wie es Medellín und Puebla forderten, das kann nur heißen, daß sich Kirche ganz auf diese Situation einlassen muß, daß sie sich diese Situation selbst zu eigen macht. Dort, wo die Gesundheitsversorgung unzureichend und für den vorzeitigen Tod mitverantwortlich ist, heißt »dem Leben dienen« auf dem Gesundheitssektor ansetzen, und zwar präventiv und heilend, wobei das traditionelle Wissen und Verhalten auch der Bauern selbst aufgegriffen werden muß. Dies verlangt auch, daß die Organisationen der Campesino-Gemeinden

selbst gefördert (vgl. 1163) und die christliche Gemeinde ganz mit ihnen zusammen aufgebaut werden müssen. Denn nicht als einzelner und als Einzelfamilie hat der Arme Chancen zum Überleben, sondern nur in der Gemeinschaft. Dort, wo die Produktion und der Markt kontraproduktiv und ausbeuterisch geworden sind, heißt »dem Leben dienen« zuerst auch, »die Mechanismen zu erkennen und anzuklagen, die diese Armut hervorrufen« (1160). Dort, wo die Armen schon allein aufgrund der äußeren Lage in einen solchen extremen Werte- und Gewissenskonflikt und eine solche Verstrickung gestoßen werden, muß die Kirche umkehren zu den Armen selbst: »Wir bestätigen die Notwendigkeit der Umkehr der gesamten Kirche im Sinne einer vorrangigen Option für die Armen mit Blickrichtung auf deren umfassende Befreiung« (1134). So muß der Ansatz zu einer Pastoral der Befreiung von den Armen selbst ausgehen und umfassend sein: Er zielt auf ganzheitliche Befreiung der Menschen.

2. *Das Menschenrecht der Armen*

Die Pastoral der Befreiung spricht nicht abstrakt vom Menschen, sondern nimmt die Situation, in die hinein sie spricht, ganz ernst. Sie hat es mit armen, verelendeten, unterdrückten und ausgebeuteten Menschen zu tun, mit den Menschen Lateinamerikas, welche im Großteil der Bevölkerung der wachsenden Ungerechtigkeit ausgesetzt sind, mit Menschen, die gesellschaftlich gesehen »Nicht-Personen« sind. Ihnen wird Recht, Gerechtigkeit, Würde, Befreiung und Heil von Gottes befreiender Gegenwart in Jesus Christus her zugesprochen, von einer befreienden Gegenwart also, die über den Mächtigen dieser Welt steht. In seiner Eröffnungsansprache in Puebla betonte *Johannes Paul II.*, daß Christus mit der Wahrheit über den Menschen »an der Seite der Armen steht« (551). Diese Wahrheit über den Menschen stellte Puebla mit den Worten Johannes Paul II. »gegen alle Beherrschungssysteme, Versklavungen, Diskriminierungen, Gewalttaten, gegen die Anschläge auf die Religionsfreiheit, Angriffe auf den Menschen und auf das Leben« (552). Angezielt wird durchaus eine neue, und d. h. eine »gerechte und brüderliche Zivilisation [. . .], die offen für das Transzendente ist« (551). Konkretisiert werden diese Grundzüge einer christlichen »Anthropologie« durch die Verurteilung jeder Mißachtung der unveräußerlichen Menschenrechte (318, 41), zu denen nicht nur die grundlegende Gleichheit der Menschen gehört (309), sondern auch das Recht der Mitbestimmung der Arbeiter und Campesinos bei Entscheidungen, die ihr Leben und ihre Zukunft selbst betreffen (1162). Deshalb sprechen die Bischöfe in Anlehnung an Johannes Paul II. von dem grundlegenden Recht, freie Organisationen zu schaffen, um die Interessen des Gemeinwohls zu verteidigen (1163). Die Bischöfe sprechen deshalb nicht nur von »grundsätzlichen Kriterien für eine umfassende Sicht des Menschen« (305), sondern sie konkretisieren diese Vision des Glaubens auch im Blick auf die entscheidenden gesellschaftlichen Dimensionen der Wirtschaft und der Politik (vgl. bes. 491–562), und zwar durchaus unter einer differenzierten Berücksichtigung der traditionellen Kultur Lateinamerikas (51–62). Letztlich ist es also gerade die Vision des Glaubens selbst, das »Geheimnis Christi, in dem Gott in den Abgrund des menschlichen Seins hinabsteigt« (305), welche den Blick auf den Menschen freigibt. Deshalb kann die Kirche in Puebla bekennen, »daß jede Verletzung der Würde des Menschen eine Verletzung Gottes selbst ist« (306). Die Sünde bedeutet deshalb nicht nur einen Bruch in der Beziehung zwischen Gott und den Menschen, sondern auch einen Bruch zwischen den Menschen selbst, sie hat eine strukturelle Dimension. Heilsbedürftig ist deshalb nicht nur der Einzelmensch, sondern auch die menschliche Gesellschaft.

3. Die christologische Identifikation mit den Armen

Maßgebend für die Pastoral der Armen kann allein der Reichtum sein, den Jesus Christus für die Menschen und die Kirche Lateinamerikas bedeutet. Der Reichtum Jesu Christi liegt aber zuerst gerade in seiner eigenen Identifikation mit den Armen und

Leidenden: »Die äußerste allgemeine Armut nimmt im täglichen Leben sehr konkrete Züge an, in denen wir das Leidensantlitz Christi, unseres Herrn, erkennen sollten« (31). Konkret begegnet der Gemeinde dieses Leidensantlitz Christi in den Fragen und Forderungen auf den Gesichtern der Kinder, die schon vor ihrer Geburt mit Armut geschlagen sind (32), auf den Gesichtern der jungen Menschen, die weder Ausbildung noch Beschäftigung finden (33), auf den Gesichtern der Campesinos, die als soziale Gruppe fast auf dem ganzen Kontinent in der Verbannung lebt, oft ihres eigenen Grundes und Bodens beraubt ist und ausbeuterischen Vermarktungssystemen unterworfen bleibt; das Leidensantlitz Christi erscheint in den Gesichtern der Arbeitslosen und der unterbezahlten und entrechteten Arbeiter, auf den Gesichtern der Marginalisierten und der Slumbewohner der Ballungszentren, und nicht zuletzt auf den Gesichtern der alten Mitmenschen, deren Zahl ständig zunimmt (36–39). Aber wie gesagt, der arme Christus spricht in diesen Gesichtern die Gemeinde nicht nur zum Mitleiden an, sondern durchaus fragend und fordernd. Er ist als unsere Hoffnung auf die umfassende Befreiung (166) selbst als der umfassende Befreier zu verkündigen (1183). Der als Befreier verkündigte Christus verpflichtet aber auch die Gemeinde selbst »zur aktiven Befreiung der Brüder durch gewaltlose Mittel« (1194).

Die Pastoral der Befreiung geht nicht von einer Geschichtsphilosophie oder von einer noch so praktischen Theorie zur Veränderung der Geschichte aus, vielmehr ist sie an der Wirkmächtigkeit Jesu Christi in der konkreten Geschichte orientiert: Jesus Christus ist »der Herr der Geschichte« (178, 195, 289 u. ö). Nicht die Geschichte selbst gilt also für die Pastoral der Befreiung als das wirksame Zeichen von Gottes Gegenwart, sondern umgekehrt: die Gegenwart Jesu Christi in der Situation der Armut »verkündet und verwirklicht das Reich« (177). So kommt alles darauf an, »die Geschichte in Übereinstimmung mit dem Wirken Jesu zu gestalten« (279). So lebt die Gemeinde nicht nur im Glauben an die Identifikation Jesu Christi mit den Armen, sondern sie wird durch Jesus Christus selbst mit den Armen identifiziert.

4. Gott handelt in der Geschichte

Indem die Bischöfe in Puebla die theologischen Gehalte der kirchlichen Verkündigung auf die Geschichte hin öffneten, wenden sie sich gegen ein deterministisches Verständnis, das in Lateinamerika tief in den Seelen verankert ist und zu Resignation und einem Sich-dem-Schicksal-Überlassen führt: »Nicht wenige Christen, in Unkenntnis der eigenen Autonomie von Natur und Geschichte, glauben weiterhin, daß alles, was geschieht, von Gott bestimmt und von Gott auferlegt ist« (308). Für die Reflexion mit den Gemeinden wird der Pastoral der Befreiung deshalb die Erschließung des Verhältnisses von Geschichte und »Heilsgeschichte« bedeutsam. Dieses Verhältnis bestimmt sich durch das Bekenntnis zum freien und lebendigen Handeln Gottes in der Geschichte: »Israel hat Gott inmitten seiner Geschichte gefunden. Gott lud Israel in seinem Bund ein, die Geschichte gemeinsam zu gestalten. Er wies den Weg und das Ziel, und er forderte die freie und die gläubige Mitarbeit seines Volkes« (276). Die Erwählung des unbedeutenden Volkes und sein Weg mit diesem Volk eröffnet das Verständnis für Gottes heilsgeschichtliches Handeln: Er schafft Recht ohne Ansehen der Person (und ohne Bestechungsgelder), er fordert Gerechtigkeit und hat nichts zu tun mit dem Bild und Auftreten eines Hazienda-Besitzers, eines Patrons, eines spanischen »Conquistadors«. Vielmehr ist er dem Volk in seinem »Liebesbund« verbunden.

Die Pastoral der Befreiung setzt gegen die Zeichen des Todes die Verkündigung vom Gott des Lebens. *Luis Vallejos Santoni,* der Erzbischof von Cuzco, nahm diese Verkündigung des Leben schaffenden und das Leben verteidigenden Gottes kurz vor seinem überraschenden Tode in einem letzten Hirtenbrief auf: »Ich glaube, wenn Gott einen Beruf hätte, wäre er Campesino«. Die für nichts geachteten Campesinos, die mit ihrer Arbeit der elementaren Lebenserhaltung dienen, verstanden nicht nur, was ihr Bischof ihnen damit von Gott sagen wollte, sondern auch, was er ihnen selbst zu sagen hatte.

5. Auf dem Weg zur solidarischen Kirche

Eine Kirche, die aufgrund ihrer *vorrangigen* Option für die Armen ihren Standort selbst bei den Armen gefunden hat, kann auch in ihrem theologischen Selbstverständnis, in ihrer Liturgie, ihrer Gemeindeform und in ihrer sozialen Praxis nicht unverändert bleiben. So hat Puebla die im Zweiten Vatikanischen Konzil betonte Sicht der Kirche als dem Volke Gottes konkretisiert durch den »Übergang von der individualistischen Art und Weise, den Glauben zu leben, zu dem großen Bewußtsein der Gemeinschaft, für das uns das Konzil bereit machte« (235). Sie wird in Christus gleichsam ein Sakrament der innigsten Verbindung Gottes mit dem ganzen Menschengeschlecht, und zwar nicht unabhängig davon, daß sie »das Werkzeug des Herrn wird, das die Geschichte der Menschen und der Völker wirksam und kraftvoll auf ihn hin ausrichtet« (280). Zum zeichenhaften Instrument kann sie jedoch nur werden, wenn sich in ihrem »Dienst immer die besondere Liebe Jesu für die Ärmsten und die Leidenden widerspiegelt« (270). Obwohl man es kaum wagt, solche Selbstverständlichkeiten zu nennen, gehört zum sakramentalen Charakter von Kirche eine Liturgie, welche auf den Gemeinschaftscharakter der kirchlichen Lebensvollzüge hin angelegt ist. Die »Privatmessen« und der erwähnte Sakramentenhandel dagegen stehen nicht nur dem in der Liturgiekonstitution des Zweiten Vatikanums betonten Gemeinschaftscharakter des kirchlichen Lebens entgegen, sondern sie beuten auch die religiösen Vorstellungen und Gefühle der Menschen im elementaren Sinne aus. Für Lateinamerika kann die kirchliche Reform des Zweiten Vatikanums in ihrer Bedeutung kaum überschätzt werden.

Von den kleinen christlichen *Comunidades* – weder die Übersetzung mit »Gemeinden« noch mit »Basisgemeinden« wird unseren Lebensverhältnissen ganz gerecht – bis zur Universalkirche gliedert sich unsere kirchliche Lebenswirklichkeit in viele Formen des Zusammenlebens. Nach den Vorstellungen von Medellín und Puebla sollte die Großgemeinde mit ca. 15000 Einwohnern als ein Zusammenschluß von verschiedenen christlichen

Comunidades organisiert werden. So sollten sie selbst eine Art des Zusammenlebens verwirklichen, in der sich Freiheit und Solidarität verbinden. Die einzelne kirchliche Comunidad wird dabei zum Ort, wo die Mitbeteiligung so eingeübt werden kann, daß sie einen Weg zu einer humaneren Gesellschaft eröffnet (vgl. 273). So kann Kirche sich in einen Lernort des Glaubens verwandeln, an dem man auch entdecken kann, wie er im anderen Gestalt annimmt. Puebla formuliert ausdrücklich, daß die Kirche vordringlich eine Schule sein sollte, in der Menschen dazu befähigt werden, »die Geschichte zu gestalten, um die Geschichte unserer Völker in Richtung auf das Reich mit Christus wirksam voranzutreiben« (274). Mit dieser Gestaltung der Geschichte ist aber die Aufgabe der Evangelisierung, Befreiung und solidarischen Mitarbeit an der menschlichen Entwicklung gemeint. Diese Gestaltung der Geschichte im Blick auf Gottes Reich verpflichtet die Gemeinde zur Situationsanalyse im Lichte des Evangeliums (338, 629). Denn die »geplante pastorale Aktion ist die spezifische, bewußte und beabsichtigte Antwort auf die Erfordernisse der Evangelisierung. Sie muß in einem Prozeß der Mitwirkung auf allen Ebenen der Gemeinschaften und beteiligten Menschen verwirklicht werden, indem diese nicht nur in der Realitätsanalyse geschult werden, sondern auch in der Reflexion dieser Realität auf der Grundlage des Evangeliums« (1307).

Was ein solcher Übergang von der traditionellen Seelsorge zur Pastoral der Befreiung im einzelnen bedeutet, kann nur die Erfahrung zeigen. Wenn ein Erfahrungsbericht aus einer Randgemeinde des Distrikts diese kurze Skizze abschließt, so deshalb, weil Erfahrung erzählt sein will. Die Erzählung spricht nicht nur von der Glaubensgeschichte einer Gemeinde, sondern auch von der kirchlichen Armut in der Situation der Armut selbst.

V. Die Wasser des Lebens

Die ersten Besuche in den Dörfern waren für mich als Fremden sehr angenehm. Die Menschen erschienen sehr freundlich und sie freuten sich, daß sie nun nicht mehr nur ein- bis zweimal pro Jahr »Gottesdienst hatten« und sich »die Kirche« regelmäßig um sie kümmern wolle, obwohl sie am Rande des Distrikts angesiedelt waren. Um für die Seelenruhe der Verstorbenen eine Seelenmesse lesen zu lassen, brauchte man nicht mehr zuzuwarten, bis endlich einmal der Priester vorbeikam. Außerdem mußte man jetzt für eine Messe nicht mehr bezahlen, da nurmehr ein freiwilliger Obulus erbeten war. Dies wurde dankbar vermerkt.
Bald jedoch stellte ich fest, daß die Leute mit mir nichts anfangen konnten. Der Nachholbedarf an Seelenmessen war bald gesättigt und so unruhig und bedrängend schienen die Seelen der Verstorbenen auch nicht zu sein: 14tägliche Besuche, das war zuviel. Niemand hatte eine Messe bestellt, wer sollte sich daher mit »ihm« beschäftigen und was wollte er? Da standen wir nun also: sie mit ihrem Muster von einer Kirche, die man das Jahr hindurch zuweilen punktuell zu Gesicht bekommt, und ich mit den Ideen von Vatikanum II, Medellín, Puebla und den Hirtenbriefen der Bischöfe des Surandinos im Kopf. Welten standen zwischen uns – nicht nur deshalb, weil ich ein Europäer war.
Ein Zugang über die Sakramentenspendung konnte und wollte nicht gelingen, da die Sakramente im Leben der Campesinos und Hazenderos (mit Ausnahme der Seelenmessen und der Messen zu Ehren der Heiligen) kaum einen Stellenwert besaßen. Versuche, an die Heiligenverehrung und Feste anzuknüpfen, blieben zu sporadisch; es gab nur die Feste des heiligen Isidors und eines der Jungfrau Maria bzw. in einem anderen Dorf das Fest des sogenannten heiligen Ramos am Palmsonntag sowie des »Kreuzes der Heiligen Dreifaltigkeit«. Gespräche über den christlichen Glauben endeten stumm. Alle waren zwar stolz auf ihren *katholischen* Glauben, eine inhaltliche Füllung des Begriffes war damit – aufgrund der mangelnden Glaubensunterweisung – jedoch nicht verknüpft. In dem einen Dorfe habe ich insgesamt nur zwei

Bücher entdeckt, ein Schülerlexikon und ein Neues Testament, das jemand beim Goldwaschen im Urwald aus dem Fluß gefischt hatte. Bibellesungen und Gespräche über die Bibel waren aufgrund eines Vorurteils anfangs unmöglich: »Am Ende ist der gar ein Evangelista und kein Katholik.« Dieses Vorurteil, nach welchem wir wie Sektenprediger erschienen, hielt sich lange, obwohl wir vom Bischof persönlich eingeführt worden waren, was auch zeigt, daß ein Bewußtsein von kirchlicher Hierarchie nicht ausgebildet war. Aber da auf der anderen Seite auch keine Vorstellung von Gemeinde existierte, blieben die Anfänge ein Tappen im dunkeln und ein Stochern im Strohhaufen. So trennte ich meine Besuche im Dorf von der Verbindung mit der Messe: Es waren Versuche, die Realität des Dorfes, die Campesinos und ihre Lebensweise etwas kennenzulernen. Wenn dann doch gelegentlich eine Messe verlangt wurde, führten wir ein langes Predigtgespräch; im Anschluß an die Bibellesung wurde über den Alltag und die Probleme des Dorfes gesprochen, wobei es oft vorkam, daß einer ungeduldig unterbrach und fragte, wann denn endlich seine Messe beginnen würde.

Nach und nach war ein Wandel zu verzeichnen. Die Campesinos verstanden, daß Messe, Kirche und christlicher Glaube mit ihrem Leben etwas zu tun haben. »Im Lichte der Bibel über die Realität reflektieren«, das wurde – als ein zentraler Punkt der Pastoral der Befreiung – nun mehr und mehr zum Ansatz eines wirklichen Gemeindelebens. Die Bibel war ein Lebensbuch geworden, in welchem Gottes Wort die eigene Wirklichkeit erschloß und gestaltete. Ich werde das Bild jenes älteren Mannes nicht vergessen, der zum ersten Mal die Bibel aufschlug. Das Umblättern der dünnen Seiten wollte nicht so recht gelingen mit seinen groben, von der Feldarbeit rissigen Fingern: Es war das erste Buch in seinem Leben – und dieses enthielt das Wort Gottes. Der Mann war bewegt: eine Begegnung mit der Bibel!

Der erste Durchbruch erfolgte, als eines Tages beim Predigtgespräch die Rede auf das Wasser kam. Im Dorf gab es nur sehr wenig Trinkwasser, das zudem verschmutzt war, denn auf dem gesamten Gemeindegebiet gab es nur eine kleine Quelle. Wir

waren beim zentralen Problem des Dorfes – und zugleich bei einem zentralen Gehalt der Verkündigung. Mit Wasser sind wir getauft: Wie kann man von Jesus als dem »lebendigen Wasser« sprechen, wenn die Campesinos in ihrem Alltagsleben mit dem Wasser tödliche Erfahrungen machen? Wasser ist ein Gefahrenquelle von Krankheiten, oft mit der Folge eines vorzeitigen Todes der Kleinkinder. Ein einziger wagte die allgemeine resignative Stimmung während des Predigtgesprächs zum Wasser des Lebens zu durchbrechen: Er kenne eine Quelle, ob ich nicht einmal mitkommen würde. Die anderen winkten ab, da hätten sie doch schon gegraben und zwar vergeblich. Jetzt standen wir vor dem Grundbedürfnis der Gemeinde. Wir machten uns auf den Weg und fanden die auf über 4000 Meter Höhe gelegene Quelle. Der Text, der dem Predigtgespräch bei der nächsten Messe zugrunde lag, war Exodus 17,1–7, die dramatische Erzählung vom Durst des Volkes und den Wassern aus dem Felsen. Zunächst herrschte ein allgemeines Durcheinander: Die Quelle gehöre zum anderen Distrikt, sei über 5 km entfernt . . . das habe doch für sie gar keinen Sinn, das würden sie nie schaffen, dazu bräuchte es ein Wunder wie beim Volk Israel. Schließlich wurde der Bibeltext stärker in die Mitte des Gesprächs gerückt, und wir verfolgten die verschiedenen Stationen des Volkes Israel: Das Volk befindet sich in der Wüste; es gibt kein Wasser. Was ist zu tun? – Viele beklagen sich und wollen zurück nach Ägypten in die Sklaverei. Die anderen vertrauen auf Gott, versammeln sich und analysieren ihre Situation. – Im Lichte von Gottes Wort finden sie das Wasser, finden sie das Wunder. Als die anderen von dem Wunder hörten, bekehrten sie sich und kehrten um: Nun zogen alle vereint in Richtung auf das verheißene Land.
Als nächsten Schritt versuchten wir, den Text auf unsere Situation zu übertragen: In unserem Dorf gibt es nur wenig und schlechtes Wasser. Was ist zu tun? – Viele beklagen sich und meinen, es wäre besser, nach Cuzco oder Lima zu ziehen. Andere aber vertrauen auf Gott, versammeln sich und analysieren die Situation, wobei die Quelle im Nachbardistrikt in den Mittelpunkt der Diskussion rückt. – Wie könnte sich das Wunder für uns ereig-

nen? Unsere Wüste besteht auch darin, daß die Quelle in über 5 km Entfernung liegt und zu einem Dorf gehört, zu dem es keine gutnachbarlichen Beziehungen gibt, sondern immer wieder Streit. Was steht in unseren eigenen Kräften? Wir müssen uns versammeln, uns organisieren, vereint zusammenstehen wie Brüder und Schwestern: Wir alle, Männer und Frauen müssen »Faena«, d. h. unentgeldliche Gemeinschaftsarbeit leisten. Wir müssen aber auch eine einzige Kraft bilden, um zu den Ministerien nach Cuzco zu gehen, um uns mit den anderen Gemeinden auszusöhnen und um einen Vertrag zu machen.
Es wurde allen klar, daß man damit noch keine Wasserleitung über 5 km Distanz bauen kann. Unsere Kräfte reichten nicht. Und so wurde ich – da ich ja aus einem reichen Lande käme – selbst gefragt, ob ich nicht eine Möglichkeit sehen würde, das Projekt voranzubringen. Alle – so beschlossen wir schließlich – sollten sich die Dinge in ihren Familien überlegen und ich würde mich ebenfalls erkundigen.
Die Reflexion über die Situation der Gemeinde im Licht des Wortes Gottes hatte zu einer Bewegung geführt. Plötzlich gab es – angesteckt durch die Glaubenserfahrung des Volkes Israel – einen Hoffnungsfunken in dem Dorf. Eine Gemeinde, in der die Zwietracht herrschte und in der jeder jeden und insbesondere alle den Dorfpräsidenten und das Leitungsgremium dafür verantwortlich machten, daß sich nichts tue und das Dorf völlig »vergessen« sei, fand zu einem neuen Anfang. In die Grundstimmung des individualistischen Egoismus war nun die Idee von der Einheit gefallen. Von Medellín und Puebla her lassen wir uns in die Idee der christlichen Comunidad einführen. Nach und nach wurde klar, daß sich ohne eine weitreichende Einheit und Organisation der Gemeinde das Wunder in unserem Dorf nicht ereignen könne. In einem langsamen Prozeß begannen wir uns als christliche Comunidad zu verstehen: Kirche wurde für uns »Kirche der Armen« und von Puebla erfuhren wir, daß wir nicht die einzigen waren, die so etwas versuchten; andere hatten sich schon vor uns auf den Weg gemacht. In Puebla konnte man von der Solidarität der »anderen Kirchen« lesen und

auch davon, daß wir unsere Kräfte zusammentun müßten, um die Armut zu vertreiben und eine gerechtere und brüderlichere Welt zu schaffen (1161). Wir sahen immer deutlicher, daß sich die Kirche der Armen und die »Kirche auf seiten der Armen in den reichen Ländern« vereinigen müßten; um dies aber fordern zu können, mußten wir selbst erst Kirche der Armen und eine christliche Comunidad werden. Das Dorf ließ sich auf diesen Prozeß ein.

Die Wegstrecke der ersten zwei Jahre war sehr beschwerlich. Kommissionen wurden gewählt und in die Ministerien zu Verhandlungen geschickt, – sie kamen zumeist frustriert zurück. Sie vermittelten dem Dorf ihre Erfahrungen, indem sie ihre Ministeriengänge in der Dorfversammlung szenisch darstellten. Der eigene Weg der Gemeinde zur Einigung mit dem Nachbardorf war hingegen lang und dornenreich. Dann mußte Gelände vermessen und es mußten Pläne erstellt werden. Für ein abgelegenes Dorf aus 83 Campesinofamilien waren das alles schwierige Wegmarken, – Wegmarken, die jedoch zur Bildung einer christlichen Comunidad führten. Schließlich wurden erste Kontakte zur »Kirche auf seiten der Armen« geknüpft, d. h. zu Schulen und Pfarreien in der Bundesrepublik Deutschland und in der Schweiz.

Zum tiefgreifendsten Einschnitt wurde dann eine sechstägige Mission. Drei Tage lang war das gesamte Dorf den ganzen Tag versammelt und drei Tage lang feierten wir alle ein großes Fest. Die Feldarbeit wurde ausgesetzt und lediglich das Vieh versorgt. Wir meditierten und reflektierten gemeinsam und in Gruppen verschiedene biblische Texte des Alten und Neuen Testaments. Zum zentralen Text wurde uns dabei die Fußwaschung (Joh 13,1–20). Die Gemeinde hatte davon noch nie gehört und noch nie hatte ein Priester diesen tiefen Ritus dort auch selbst vollzogen. Im Nachvollzug dieser tief symbolischen Handlung wurde Jesus Christus in ganz anderer Weise für alle erfahrbar. Von jedem biblischen Text aus wurde die Brücke in unsere Gegenwart geschlagen, unsere Situation analysiert und der bisherige Weg überdacht, wobei die Frage in den Mittelpunkt rückte, wie wir,

dem Beispiel Jesu folgend, der Gemeinschaft dienen könnten. Am Ende der Missionstage wurden die konkreten Schritte für den Wasserleitungsbau genau geplant: Es wurden die Pflichten für die vollarbeitsfähigen Männer festgelegt, ebenso für die Alten, Behinderten und für die Witwen. Schließlich wurden Strafen festgelegt für den Fall, daß sich einer drücken wollte . . .
Nach diesen sechs Tagen der gemeindlichen Erfahrung begannen wir, den über 5 km langen Graben für die Wasserleitungsrohre an einem steilen Hang mit Schaufel und Pickel auszuheben. Erst arbeiteten wir geschlossen, dann – während der folgenden Erntezeit – gruben wir wöchentlich einen Tag, später wieder durchgehend. Etwa ein halbes Jahr dauert diese Gemeinschaftsarbeit nun schon. Sicherlich gab es Schwierigkeiten und Streitereien, denn die Ernte zu unterbrechen, das ist für einen Bauern, der mit der Sichel schneidet und das Getreide teils auf eigenem Rücken und teils auf Eselsrücken kilometerweit nach Hause bringen muß, nicht gerade einfach. So gab es auch Widerstand gegen die von der Gemeinschaft verhängten Sanktionen. Die Idee, christliche Comunidad zu bilden, wurde oft zu einem harten Brocken und zuweilen zu dem Stein, an dem wir uns alle stießen. Trotzdem wurde er zum Fundament. Jetzt kam die Comunidad auch überein, die Arbeit für eine mehrtägige Reflexionszeit zu unterbrechen, um ihr Bewußtsein von den Sakramenten, dem Bußsakrament und der Eucharistie insbesondere, zu vertiefen. Eine christliche Comunidad, welche die öffentliche Buße gleichsam im Sinne der frühkirchlichen Bußpraxis übt, will ihr Wissen über dieses Sakrament vertiefen!
Entsprechend den Vorstellungen von Puebla wurde in dem Dorf ein Evangelisationsprozeß in Gang gesetzt, bei dem sich Evangelisierung und Entwicklung einer menschenwürdigeren Lebenswelt zur *projekt-orientierten Evangelisierung* verbinden. Beide bilden jetzt eine Einheit und sind ineinander aufgehoben. Es ist also nicht etwa so, daß das soziale Projekt lediglich ein Mittel für die Evangelisierung abgeben würde oder umgekehrt die Evangelisierung lediglich ein Mittel und eine Motivationsquelle zum sozialen Projekt wäre: Nein, ein solches Verständnis würde

weder den Menschen in ihrer Armutssituation gerecht noch dem, was Evangelium bedeutet.
Wir sind uns bewußt, daß wir auf einem Weg sind. Die abstrakte Diskussion über das Verhältnis von menschlichem Wohl und göttlichem Heil bleibt in der realen Armutssituation zumindest etwas blutleer. Keiner käme auf die seltsame Idee, daß wir in dem menschlichen »Fortschritt«, etwa in dem gelungenen Wasserleitungsbau nun aus eigener Kraft ein Stück weit selbst das Reich Gottes herbeigeschaffen hätten. Das wäre für die Menschen hier geradezu absurd. Denn einerseits steht es um ihre Gesamtlage so schlecht, daß man schwerlich auf solch hehre Gedanken kommen würde, andererseits – und das ist das entscheidende – sind diese Campesinos glaubende Menschen und wissen um ihr Verwiesensein auf Gott. Sie leben täglich aus dieser Verbundenheit. Die auch von der Internationalen Theologenkommission genannte Gefahr einer Verwechslung existiert sicherlich nicht für Campesinos, die darum kämpfen, von untermenschlichen zu menschenwürdigeren Verhältnissen zu gelangen. Die Faustische Versuchung (der Reichen?) jedenfalls kennen sie nicht.
Durch den Prozeß der Evangelisierung und der Entwicklung einer menschenwürdigeren Lebenswelt erhielt nun für dieses Dorf auch »Kirche« einen anderen Stellenwert. Die Kirche ist für sie zum Sakrament Jesu Christi geworden. Und indem das Dorf sich auf den Weg machte, selbst eine Comunidad zu bilden, wurde es selbst zum stimulierenden Zeichen für die anderen Dörfer der Pfarrei. So wie Kirche gemäß dem Zweiten Vatikanischen Konzil Sakrament für die Welt sein darf, so darf der Zielpunkt der Entwicklung einer christlichen Comunidad es sein, zum Sakrament Jesu Christi für andere Gemeinschaften zu werden.

Vorweggenommene Fragmente des endzeitlichen Heils

Leonardo Boff im Gespräch mit Horst Goldstein

I. Das Gesetz der Menschwerdung Gottes

Leonardo Boff: Die Grundlage der Theologie der Befreiung ist die Betroffenheit vom Leben des Volkes, das voll von Dramatik, Leiden, Ängsten und Hoffnungen ist. Die Theologie der Befreiung versucht, sich von diesem Leben ergreifen und auf den Weg schicken zu lassen. Das Leben des verarmten Volkes soll theologisch ins Wort kommen, damit auch andere Menschen als nur die Armen diese Problematik verstehen und sich für die Veränderung der Situation engagieren. Das Wichtigste für diese Theologie ist also nicht die Theologie selbst, sondern die konkrete Befreiung der Armen, weil die Realität der Befreiung Elemente des Reiches Gottes enthält. Die Theologie soll dazu beitragen, die Veränderung der entmenschlichenden Verhältnisse in Richtung auf mehr Menschenfreundlichkeit und Gerechtigkeit zu erwirken, damit das, was Jesus verkündet und der Glaube proklamiert: die Frohe Botschaft vom Angebrochensein des Reiches Gottes, auch als gute Nachricht vom Heil erfahren werden kann. Wie soll man an die Frohe Botschaft glauben können, solange einen nur Menschenverachtung umgibt? Gott unter den Menschen, und zwar ein Gott, der sich Vater nennt, unter abhängigen Habenichtsen und ausgebeuteten Elendsgestalten, das ist die Grundmatrix unserer Theologie. *Dom Hélder Câmara* hat einmal gesagt, ein Drittel der Menschheit könne leicht von Gott als dem Vater sprechen, wohingegen die anderen zwei Drittel in der Gefahr ständen, Gott als Stiefvater zu erfahren. Einzeltöne bauen diesen Gesamtakkord auf und beziehen von ihm her ihren Wahrheitsgehalt. Wer also meint, irgendwo einen vielleicht mißverständlich formulierten oder gar gefährlichen Satz gelesen zu haben, sollte ihn in den Grundakkord dieser Zentralaussage einordnen. Bleiben dann noch Fragen, können wir uns immer noch brüderlich unterhalten.

Horst Goldstein: Du redest von Veränderung im Blick auf eine konkrete Befreiung, die Elemente des Reiches Gottes enthält. Dies ist einer der Kernpunkt des Streites. Es wird nämlich gesagt, das Reich Gottes sei ungeschuldetes Geschenk – und Ausdrücke wie *construir a história* (die Geschichte aufbauen) widersprächen der Gratuität des Gottesreiches, das uns ja ohne unser Verdienst und ohne eigene Leistung angeboten wird. Oder umgekehrt gewendet: Wie ist das Verhältnis zwischen geschenkter Erlösung und vom Menschen erkämpfter Befreiung genauer zu beschreiben?

Leonardo Boff: Selbstverständlich ist die Erlösung ein Geschenk Gottes. Aber sie ist ein eschatologisches Geschenk, das in seiner ganzen Fülle erst am Ende der Zeit da sein wird, weil es aus der Ewigkeit kommt. Aber wir reden von Befreiung, und damit meinen wir vorweggenommene Elemente des endzeitlichen Heils. Deswegen würde ich sagen, daß die Befreiung, daß der Befreiungsprozeß die in der Geschichte antizipierte und im Fragment konkret gewoıdene Erlösung ist. Solange es Geschichte gibt, werden wir es immer nur mit begrenzten Vorahnungen von Erlösung zu tun haben, die offen auf die Zukunft hin sein müssen. Erlösung meint andererseits aber immer das Ganze in Vollkommenheit. Deshalb muß ihre Antizipation in der Geschichte immer auch auf integrale, ganzheitliche und umfassende Befreiung abzielen, obwohl wir in unserer vorfindlichen Geschichte die integrale Befreiung nie erreichen werden. Wir dürfen uns also nicht mit bestimmten Erfolgen oder Errungenschaften zufrieden geben: der Glaube verlangt vielmehr, daß wir uns immer offen halten für weitere Horizonte und uns ständig im Prozeß wissen, weil die Geschichte als solche nicht das Ganze ist. Also kommt es darauf an, die beiden Pole – Heil als Ganzes und Befreiung als Fragment – dialektisch zusamennzunehmen. Zunächst ist die Erlösung ein Geschenk aus Gottes freier Initiative. Zugleich ist sie aber auch Beitrag, Arbeit, Werk, Errungenschaft des Menschen, weil die Initiative Gottes wesentlich und von innen her das Engagement, die Bewegung des Menschen fordert. Die Initiative Gottes, das Wort Gottes sind so strukturiert, daß sie, daß es die Antwort des Menschen ermöglichen. Man darf also nicht die beiden Pole auseinanderdividieren, sondern man muß sie zusammensehen.

Horst Goldstein: Nun sagt Kardinal *Ratzinger,* die Befreiungstheologie neige dazu, »die umfassende Wirklichkeit des Christentums in einem Schema soziopolitischer Befreiungspraxis aufgehen zu lassen«. Deshalb sei sie eine »fundamentale Gefahr für den Glauben«. Und Kardinal *Höffner* unterstellt euch, ihr verständet unter Befreiung an erster Stelle die Errettung der ausgebeuteten Armen aus gesellschaftlicher Unterdrückung. Im Hinblick auf das Heilswerk Jesu Christi sei diese Ausrichtung gefährlich. Wenn ich dich richtig verstehe, würdet ihr – in einem Bild gesprochen – auf diese Enwände vielleicht antworten: Das Verhältnis zwischen endzeitlicher Erlösung und menschlich erwirkter, ja erkämpfter Befreiung ist so zu verstehen, daß Gott den Menschen – und in Lateinamerika gerade auch dem unterdrückten Volk – das eschatologische Heil durch die Hände, durch den Intellekt, durch die Strategie dieser Menschen schenkt. Gott bedient sich – auch im Sinne der Inkarnation – der Menschen. Gott hat keine anderen Hände als unsere Hände, er schafft sein göttliches Heil in unserem menschlichen Engagement.

Leonardo Boff: Ich würde meinen, daß das Heil immer sakramental vermittelt ist. Die endzeitliche Erlösung kommt nie senkrecht vom Himmel zu uns herab, sondern immer durch Vermittlungen. Das ist das Gesetz der Menschwerdung Gottes. Vermittlungen gehören konstitutiv zum christlichen Heil, das heißt sie sind mehr als nur Kanäle, durch die es den Weg zu uns nimmt. Vielmehr sind sie strukturell mit ihm verbunden, obwohl man sie natürlich nicht mit ihm identifizieren oder verwechseln darf; denn sie sind ja nicht das Ganze als solches, sondern das Ganze im Fragment. Das ist auch das innere Gesetz der Geschichte, die bei allen Teilbefreiungen – so wichtig diese theologisch im Sinne der Menschwerdung Gottes unter den Menschen auch sind – doch immer nur Stückwerk bleibt. Aber wichtig ist mir, daß die Menschen das Heil in geschichtlich begrenzten Vermittlungen antizipatorisch erfahren können.

Horst Goldstein: An dieser Stelle, denke ich, könnte man eine Frage einflechten, die sich auf dein sakramentales Denken bezieht. Du arbeitest ja mit einer besonderen Begriffstriade: Immanenz – Transparenz – Transzendenz. Könntest du verdeutlichen, worin da denn – und zwar nicht alleine im Blick auf die sieben Sakramente der Kirche, sondern in deinem theologischen Denken insgesamt – der Hintergrund für diese sakramentale Annäherung besteht.

Leonardo Boff: Ich bin der Überzeugung, daß mein Beitrag zum Fortgang der Theologie gerade darin besteht, daß ich sehr ernsthaft und sehr konsequent unentwegt in dieser Kategorie denke und in meinen Schriften ständig damit operiere. Natürlich habe ich diese Begriffsverbindung nicht erfunden, aber sie bestimmt doch weithin meine Theologie. Wenn man nur in dem Kategorienpaar Immanenz – Transzendenz denkt, wird man nie über die griechische Philosophie hinauskommen. Ich denke: Das, was Christentum mit der Menschwerdung Gottes meint, läßt sich alleine mit den Dimensionen Immanenz und Transzendenz nicht sachgerecht erfassen. Denn das Neue am Christentum besteht ja gerade in der Ansage, daß die Transzendenz in der Immanenz zu finden ist, daß die beiden Pole zu einem Größeren gehören, daß sie zwei Erscheinungsformen einer anderen, wesentlicheren, tieferen Realität sind, die uns in Jesus Christus eröffnet und gegeben worden ist. Gerade diese Koexistenz, diese Kopräsenz – das heißt das Miteinander, Ineinander, Durcheinander dieser beiden Wirklichkeiten: Gott und Mensch, Gnade und Welt, Heil und Geschichte – konstituiert die Transparenz. Deshalb gilt es, sich diese Transparenz ständig zu vergegenwärtigen, weil sie im Grunde Zeichen der Gegenwart Gottes in der Geschichte ist. Die ganze Theologie der Zeichen der Zeit gründet auf dem Gedanken und auf der Erfahrung der Transparenz. Die Dinge sind nicht bloß die Dinge. In ihrer Dinghaftigkeit sind sie vielmehr Botschafter einer anderen, umfassenderen, größeren, jenseitigen Wirklichkeit.

II. Der Marxismusverdacht

Horst Goldstein: Im Gespräch zwischen euch Lateinamerikanern und uns Mitteleuropäern tauchen – zumal im deutschen Kulturraum – die Schwierigkeiten auf, daß Begriffe, die ihr benutzt, bei uns anders klingen, als ihr sie meint. So ist etwa der Transfer des Praxisbegriffes schwierig. Wenn ihr von Praxis redet, habt ihr etwas anderes im Auge als das, was damit bei uns ankommt. Bei uns ist Praxis eigentlich stets ein zweiter Schritt, eine Anwendung von vorher entworfenen Theorien.

Leonardo Boff: Unter Praxis verstehen wir mehr und mehr einfach das Leben des Volkes. Wer das Wort »Praxis« benutzt, wird leicht mit Mißtrauen bedacht, weil der Begriff angeblich mit dem Marxismus zu tun habe, obwohl er doch eine ganze Tradition sowohl bei den Griechen als auch bei den Kirchenvätern als auch bei den Scholastikern hat. Für uns ist die Theologie der Befreiung eine Reflexion über das geschundene Leben des verarmten Volkes im Lichte des Glaubens. Wir bemühen uns, die ganze Dramatik im Leben des zukurzgekommenen Teils der Menschheit zu reflektieren. Und da befürchte ich, daß die europäische Theologie Angst vor der Wirklichkeit hat. Sie scheut sich, dem ganzen Elend mit all seinen Ursachen ohne ideologisches Vorverständnis und beschwichtigende Interpretationen klar ins Auge zu sehen. Aber die Wirklichkeit ist mächtiger als vorgefaßte Schemen, die immer stimmen müssen und sich nie ändern dürfen. Ich bin der Meinung: Wenn es zu einer Erneuerung der Theologie kommen soll und wenn unsere Theologie irgendetwas erreicht hat, dann ist es das, bzw. dann kommt es darauf an, daß das Volk selbst wieder an der Theologie Geschmack findet oder gefunden hat, weil es spürt, daß es um seine Sache geht, und weil es sich in dieser Reflexion wiederfindet. Das ist ja auch gerade das, was Jesus getan und gesagt hat. Er hat sich – bei allen Kontakten auch mit anderen Kreisen – unter das einfache Volk begeben und hat über das einfache Leben gesprochen. Jesus kannte sich in allen nur möglichen Situationen des Lebens wirklich aus. Er wußte, wie die Mutter das Brot backt, wie es in der damaligen Landwirtschaft zuging, wie die Vögel ihre Nester bauen und ihre Jungen aufziehen . . . Um dieses Leben geht es uns. Im übrigen fällt mir auf, daß sich an der gegenwärtigen Diskussion um die lateinamerikanische Theologie der Befreiung auch in Europa nicht nur theologisch interessierte und kirchlich gebundene Kreise beteiligen. Politische Gruppen, die sonst mit Kirche und Christentum wenig im Sinn haben, mischen sich ein; Gewerkschaftszeitungen meinen, ihren Lesern diese Thematik nicht vorenthalten zu dürfen; und an Stammtischen wie in literarischen Zirkeln wird darüber geredet. Warum? Weil die Leute spüren, daß diese Art von Theologie irgendwie an den Puls des Lebens rührt. Also, um auf deine Frage zurückzukommen: Praxis meint für uns zunehmend die Realität des Lebens selbst, in seiner ganzen Länge und Breite, mit seiner Dramatik und Poesie, mit seinen Undurchsichtigkeiten und mit seiner Transparenz.

Horst Goldstein: In diesen Überlegungen zu Praxis und Leben sprachst du soeben von dem Marxismusverdacht. Nun gibt es – soweit ich weiß – in Lateinamerika wenige Theologen, die in den Bahnen des Marxismus selbst denken. Wenn Marxismus benutzt wird, dann immer instrumentell. Marxistisches Vokabular hat durchweg funktionalen Charakter. Das Anliegen und der Bezugsrahmen sind also nicht der Marxismus, sondern das christliche Leben. Dann taucht aber die Frage auf: Wenn es in Puebla und bei Papst *Johannes Paul II.* heißt, in der Welt seien Strukturen und Mechanismen am Werk, welche die Reichen auf Kosten der Armen, die immer tiefer verarmen, immer reicher werden ließen, könnte man dann auf der Suche nach diesen für die zunehmende Verelendung ursächlichen Mechanismen nicht die marxistische

Nomenklatur vermeiden, nicht weil man Angst vor ihr hätte, sondern weil sie Mißverständnisse hervorruft und vor allem und einfach deshalb, weil es in der Analyse auch andere Möglichkeiten gibt?

Leonardo Boff: Wieder möchte ich mit einem schönen Wort von *Hélder Câmara* antworten: »Wenn ich einem Armen ein Stück Brot gebe, hält man mich für einen Heiligen; wenn ich aber den Armen und dem verarmten Volk zeige, warum sie kein Brot haben, dann werde ich als Kommunist betrachtet«. Inzwischen weiß man, daß die Armen nicht nur arm sind, sondern daß sie ausgebeutet sind und arm gehalten werden. Deshalb ist es präziser, statt von Armut von Verarmung, statt von Elend und Verelendung, statt von Reichtum von Bereicherung zu sprechen. Dann aber geht es – und zwar rein intellektuell und rein analytisch! – darum, die Mechanismen zu entziffern, die diese Prozesse und Situationen erzeugen. Wir meinen, daß da der Marxismus seine Funktion hat. *Marx* hatte ja zunächst das Bestreben, die Verelendungsmechanismen zu entlarven. Das ist der erste Schritt. Und in einem zweiten Schritt will man die Situation überwinden. In diesen Bahnen haben viele engagierte Leute gedacht und entsprechende Werkzeuge entwickelt. Ich weiß nicht, warum man dieses Gut nicht als eine Möglichkeit schätzen und übernehmen dürfen soll, zumal uns gerade dieses Denken geholfen hat, die gesellschaftliche Lage zu durchschauen, anzuprangern und neu zu entwerfen. Trotzdem möchte ich sagen, daß für das einfache Volk an der Basis und in den kirchlichen Basisgemeinden dieses Denken mit seinen soziologischen und ökonomischen Analysen kein Thema ist. Nicht weil die einfachen Menschen das nicht verständen oder weil sie die Wirklichkeit nicht durchschauten, sondern weil sie das Leben immer schon als Kampf und Konflikt verstanden haben. Dabei hat Kampf nichts mit Gewalt und Waffen zu tun, sondern Kampf ist die vielschichtige und irgendwo doch wieder eindeutige Dramatik des Lebens selbst. Deshalb begrüßen sich bei uns manche Leute seit altersher: *Como vai a luta?* (Wie gehts dem Kampf?)

Horst Goldstein: A vida é luta! (Das Leben ist ein Kampf!)

Leonardo Boff: Das Leben ist schwierig, und ohne Kampf geht's nicht. In dem Sinne also meine ich: Vom Volk her gesehen, benutzen wir eine gewisse Terminologie, die bei uns seit langem Allgemeingut in der Gesellschaft ist. Vielleicht haben sich Marxisten bei uns davon mal anregen lassen. Wie dem auch sei, das alles ist für uns aber nicht »patronym«, das heißt: geht keineswegs auf Marx als auf den großen Vater und Namensgeber zurück, sondern ist eine seit langem assimilierte Vision des Lebens mit seinen Konflikten, Widersprüchen und Kämpfen. Insofern würde ich sagen, daß für das einfache Volk diese Diskussion nahezu belanglos ist. Das Volk versteht nicht, warum man diesen oder jenen Begriff nicht verwenden sollte. Persönlich meine ich, daß die ganze Diskussion um die angeblich marxistische Begrifflichkeit die eigentliche Problematik überdeckt.

Horst Goldstein: Wenn man bei uns den Einwand erhebt, bei allem Differenzieren zwischen historischem Materialismus und dialektisch-atheistischem Materialismus stelle der Marxismus doch ein Ganzes dar, und wer sich dieses oder jenes Aspektes im Marxismus bediene, übernehme zwangsläufig auch immer die anderen Seiten, einschließlich des Atheismus, dann würdet ihr also antworten, solche theoretisch vielleicht richtigen Überlegungen gingen an der Realität des Lebens, das in Lateinamerika immer schon Konflikt und Kampf war, einfach vorbei.

Leonardo Boff: Wie das Volk die Wirklichkeit sieht, wie es sein Leben im Licht von Glauben und Bibel versteht und wie es sich dafür einsetzt, seine Lage zu verbessern, muß man das sogar so sagen. Gewiß, die Leute übernehmen diese Kategorien, aber ohne Besorgnis und Beunruhigung, weil sie nach ihrer Meinung die Mechanismen der Gesellschaft tatsächlich erklären. De facto ist es also so, daß das Volk marxistische Ausdrücke friedlich assimiliert hat, ohne dies als Marxismus zu betrachten, wie ja auch der gegenwärtige Papst *Johannes Paul II*. in seiner Enzyklika »Laborem Exercens« Begriffe wie Proletariat und Proletarisierung, Klasse und Klassencharakter benutzt, ohne damit in den Verdacht zu geraten, mit dem Marxismus zu liebäugeln.

Horst Goldstein: Es ist ja auch interessant, daß ihr in der entsprechenden orthodox-marxistischen Literatur der DDR oder der Sowjetunion über die lateinamerikanische Theologie des Revanchismus bezichtigt werdet. Man sagt, ihr Befreiungschristen stecktet, selbst wenn ihr euch bestimmter marxistischer Vokabeln bedientet, immer noch in den Fängen des Antikommunismus. Also diejenigen, denen euch hiesige Kreise in Kirche und Gesellschaft zuzählen wollen, wollen euch gar nicht haben, wie ihr ja auch selbst betont, nichts mit ihnen zu tun zu haben. So prügelt man euch von der einen und von der anderen Seite.
Leonardo Boff: Um es deutlich zu sagen: Uns interessiert der Marxismus überhaupt nicht. Uns geht es um eine kritische Sicht der Gesellschaft. Die wollen wir dem Volk beibringen, damit es die Mechanismen erkennt, die an seiner miserablen Lage schuld sind. Und ich meine, ob das wissenschaftlich ist oder nicht, ob das von *Marx* kommt oder sonst woher, ist für uns im Grunde unwichtig. Das Wichtigste ist, daß der Prozeß durchsichtig wird, daß man weiß, wenn man sich so verhält, läßt man sich ausbeuten, wenn man sich anders verhält, setzt man sich der Gewalt aus. Das Leben selbst, also die Praxis selbst ist die Schule, in der man dieses Verstehen lernt und sich als Haltung zu eigen macht. Es ist mehr und mehr zu beobachten, daß Leute aus dem einfachen Volk mit ihren »popularen« Mitteln auch des Intellekts in jahrelangem Einüben dahinter gekommen sind, wie die Gesellschaft funktioniert, welches die Handlungsmuster der Reichen sind, wie die Armen reagieren, welche Interessen der Mittelstand hat, wo die Kirche steht, was die Bischöfe denken und wohin die Theologen tendieren. Diese ganzen Mechanismen sind den Menschen inzwischen keine böhmischen Dörfer mehr. Dabei ist ihr Wissen durchaus nicht mehr bloß naiv, sondern es hat sich mittlerweile sehr wohl zu einem kritischen Wissen entwickelt – natürlich nicht im wissenschaftlichen Sinn; trotzdem ist die Wirkung sehr positiv und effektiv.

III. Von der elitären Kirche zur Kirche des Volkes

Horst Goldstein: Auch den Gegnern der Befreiungstheologie kann man ihren aufrichtigen Willen zur Überwindung von Armut und Elend nicht absprechen. Man darf ihnen keine Böswilligkeit unterstellen. Aber die eigentliche Differenz zwischen Anhängern des Befreiungschristentums und ihren Gegnern scheint mir darin zu bestehen, daß die einen aus einem Grundverständnis des armen Volkes als des Subjektes der Geschichte im Sinne von »popular« an der Seite des Volkes, *mit* dem Volk handeln wollen, wohingegen die anderen aus ihrer Position der gesellschaftlichen, wirtschaftlichen, kulturellen und religiösen Elite *für* das Volk etwas tun wollen. Hier stehen sich also die zwei Grundintentionen von verantwortlicher Elite und vom Volk als Träger der Geschichte gegenüber. In den Sprachen Lateinamerikas läßt sich das prägnant mit den Vokabeln *elitista* und *popular* wiedergeben.

Leonardo Boff: Ich denke, genau an diesem Punkt wird ersichtlich, ob sich jemand im Horizont der Befreiungstheologie bewegt oder nicht, ob ihr ein Papier gerecht wird oder nicht, ob es befreiend ist oder nicht. Ich würde sogar meinen, daß die Instruktion der Glaubenskongregation vom 6. August 1984 ein Text über die Befreiung ist, aber kein befreiender Text. Die Kongregation redet über das Thema »Befreiung«, aber ihre Methode ist nicht befreiend, sondern paternalistisch und fürsorgerisch im abschätzigen Sinn des »assistencialismo«. Die Theologie der Befreiung entstand gerade in dem Augenblick, in dem Christen den paternalistischen »assistencialismo« überwanden. Wer schafft die Befreiung der Armen? Wer ist das Subjekt der Befreiung? Die Kirche oder die Armen selbst? Von Theologie der Befreiung darf nur dort gesprochen werden, wo den Armen ehrlich die geschichtegestaltende Kompetenz der umfassenden Befreiung zugesprochen wird. Wenn die Kirche befreiend wirken will, muß sie die historische Macht der Armen anerkennen und sich dem Prozeß, der bereits in Gang ist, anschließen und sich mit dem Volk auf den Weg machen. Nur dann kann die

Kirche eine befreiende Kirche sein, weil sie dann endlich aufgehört hat, die Armen mit den Augen der Reichen zu sehen. Wenn man die Armen von der Warte der Reichen herab betrachtet, dann sind sie immer nur minderwertige Gestalten, deren kennzeichnendes Merkmal der Mangel ist, dann sind sie jene die nichts haben, die nicht lesen und schreiben, die nicht denken, die nichts Ordentliches zuwege bringen können. Deshalb müsse ihnen geholfen werden, heißt es. Dann ist die Kirche die mildtätige Almosenspenderin, die für die Kleinen da ist. Das ist der *elitäre* Standpunkt. Aber wer die Armen mit den Augen der Armen sieht, der entdeckt die große Fähigkeit dieser Menschen zum Leiden, zum Widerstand, zur schöpferischen Gestaltung des Lebens, zur Achtung vor dem Nächsten, zu Zärtlichkeit und Poesie, zur Tugend der Hoffnung ... Darin steckt doch eine Fülle christlicher Werte. Wie sie sich organisieren, um weiter zu leben, wie sie überlebt haben in all den Jahrhunderten der Unterdrückung und der Sklaverei! Eine Kirche, die ein Gespür hat für diesen Reichtum der Armen, will nicht mehr einfach *für* sie dasein, sondern sie will den Weg in die Zukunft, in Richtung auf das Reich Gottes an ihrer Seite, *mit* ihnen gehen. Diese Seh- und Verhaltensweise nennen wir *popular*. Eine Kirche mit popularen Konturen entdeckt dann auch – wie Puebla sagt –, daß die Armen ein »evangelisatorisches Potential« besitzen. Für mich ist – wie gesagt – die Antwort auf deine Frage der Test, ob man Theologie der Befreiung treibt oder nicht oder ob das alles bloß eine Theologie der Reformen, der Entwicklung ist. Befreiung ist nur dann wirklich Befreiung, wenn sie von den Armen selbst geleistet wird. Wir, die wir von unserem sozialen Status her nicht zu den Armen gehören, können ihre Alliierten sein. Im Grunde gehöre ich nicht einmal zum Volk, bin ich im lateinamerikanischen Sinn nicht einmal Volk. Ich kann nur für das verarmte Volk optieren, mich auf es einlassen und mit ihm den Weg gehen.

Horst Goldstein: Ich frage mich, ob wir bei uns mit unseren historisch geprägten und etablierten Schemen für ein derartiges Leben *mit* den Armen reif sind. Wie ich so unser kirchliches Leben beobachte, muß ich mich anstrengen, den Eindruck nicht

in mir aufkommen zu lassen, als seien wir bei allem guten, aber doch elitistisch-paternalistischen »guten« Willen noch immer zuvörderst so etwas wie fromme Lehrmeister, dienende Geldgeber und demütige Verwalter. Gibt es für diese Überlegungen zu den Begriffen *elitista* und *popular* auch theologische Argumente? Ließe sich auf dieses Verhalten auch das christologische Bekenntnis beziehen, Christus habe sich arm gemacht und sich mit den Armen solidarisiert, um uns reich zu machen?
Leonardo Boff: In der Tat liegt diesem neuen Lebensstil der Christen die Theologie des leidenden Gottesknechtes zugrunde. Aber auch und gerade die Kreuzestheologie des Paulus enthält die Wahrheit, daß das Heil von einem Gekreuzigten und nicht eigentlich bloß vom Kreuz kommt, also von einem politisch und religiös Ausgestoßenen. Deswegen sind die Armen, die ja die *marginalizados*, die an den Rand Gedrängten, die Ausgestoßenen bei uns sind, die dichteste Anwesenheit Christi in der Geschichte, dichter als in der Kirche. Ja, ich würde sogar sagen – obwohl das vielleicht häretisch klingt –, daß Christus in den Armen dichter als in Brot und Wein, die uns in der Messe den Herrn vergegenwärtigen, präsent ist.

IV. Eucharistische und charismatische Gegenwart Jesu Christi

Horst Goldstein: Es gibt in deinen Veröffentlichungen einige Stellen, denen gewisse Leute bei uns entnehmen wollen, du neigtest einer Interpretation von Eucharistie zu, die auch ohne das Mitwirken eines geweihten Priesters möglich sei. Aber was du im Auge hast, ist doch folgendes: Wenn sich etwa eine Basisgemeinde in Nordostbrasilien am Gründonnerstag ohne einen Priester – weil es ja keinen Priester gibt – zusammenfindet und nicht nur die Texte von der Einsetzung des Abendmahles liest – Lesen ist ja immer etwas Intellektuelles –, sondern mit ihrer ganzen schöpferischen Leidenschaft die Ereignisse im

Abendmahlssaal nachgestaltet und sich dabei in der Anwesenheit des Herrn weiß, ohne freilich den Anspruch zu erheben, Eucharistie zu feiern, was ist denn das, was da geschieht?

Leonardo Boff: Ja, du beschreibst die Situation richtig und formulierst das Problem treffend. Ich habe nie theoretisch darüber spekuliert, ob man an irgendeinem Ort der Erde wilde Messen ohne Priester zelebrieren kann. Vielmehr gehe ich davon aus, daß es die Praxis, wie du sie schilderst, gibt. Unsere einfachen und frommen Menschen wollen wirklich keine Parallelkirche. Wohl aber haben sie die Neigung und die Gabe, biblische Szenen darstellerisch nachzuvollziehen. Besonders am Gründonnerstag und am Karfreitag. Dann lesen sie nicht nur die Bibelstellen, sondern sie spielen die Ereignisse nach, und zwar nicht, damit andere zuschauen, sondern um ihren eigenen Glauben zu vertiefen. Auch bei den großen – oder kleineren – Treffen von Basisgemeinden muß mindestens am Ende immer eine große darstellende Feier stehen, sonst sind alle Diskussionen umsonst. Wenn bei diesen Feiern kein Priester dabei ist, dann übernimmt eben der Älteste – ob Mann oder Frau – oder der Fähigste es, das Ganze zu koordinieren. Das darstellende, feiernde, liturgische Moment ist für unser Volk also außerordentlich wichtig. *Franziskus* hat ja auch schon in seiner Zeit das Weihnachtsgeschehen und die Ereignisse im Abendmahlssaal nachvollzogen, Franziskus, der ja auch kein Priester war. Das ist demnach der Tatbestand. Jetzt aber kommt die Frage: Was für eine theologische Relevanz hat so ein erinnerndes und vergegenwärtigendes, so ein festliches Handeln im Herrn? Gut, man kann sagen, das sei ein Wortgottesdienst, und meinen, damit sei alles geklärt. Aber ich meine, man müsse weiter fragen. Wenn es schon eine Präsenz Christi in seinem Wort, das die Gläubigen hören, und in der Gemeinde, die sie bilden, gibt, was kann und was muß ich dann von dieser Präsenz sagen, wenn die Gemeinde mit den Mitteln, die ihr ganz zu eigen sind und die ihr ganz von Herzen kommen, das Wort nicht nur hört, sondern feiert? Welche Qualität hat die Anwesenheit Christi in diesen darstellenden Elementen? Ich frage also, ob dieses Handeln der Gläubigen gegenüber der allgemeinen Präsenz in Wort und Gemeinde nicht eine Verdichtung der Gegenwart des Herrn bedeutet, die in der ordentlichen Eucharistie zu ihrer Hochform gelangt. Meinerseits würde ich sagen, daß man dieser verdichteten Form der Präsenz Christi nicht jeden sakramentalen Charakter absprechen darf. Theologisch denke ich folgendermaßen: Da die Kirche das Großsakrament ist und die Sakramentalität der Kirche sich stufenweise verwirklicht, schließe ich nicht aus – die sieben Sakramente der Kirche sind ja die Konkretionen dieser Quellsakramentalität –, daß auch bestimmte andere Formen, wenn auch in unterschiedlichen, das heißt geringeren Dichtegraden die sakramentale Gegenwart Christi realisieren. Selbstverständlich ist Christus immer da und ist voll da. Aber die Zeichen, unter und in denen er anwesend ist, bedingen – da wir ja noch nicht in der Vollendung sind: die Einheit der Kirche ist nur relativ, unser Glaube ist nur mäßig . . . – eine gradweise verschiedene Dichte.

Horst Goldstein: Also die Frage bei der theologischen Wertung dieser Feiern ist nicht, ob Christus anwesend sei oder nicht, ob das Sakrament sei oder nicht, ob das Eucharistie sei oder nicht, sondern es geht um eine Frage der dynamischen Verdichtung in Richtung auf das vollgültige Eucharistiesakrament.

Leonardo Boff: Das Ganze muß eine dynamische Dimension erhalten.

Horst Goldstein: Du hast in deinem jüngsten Buch »Kirche: Charisma und Macht« eigens noch einmal die Pole von Charisma und Macht, die du beide bejahst, gegenübergestellt. Nun laufen wir bei uns immer leicht Gefahr, Begriffe – wie wir das ja schon besprachen – flugs zu vereinnahmen. Worin unterscheidet sich denn der biblisch-neutestamentlich-paulinische Begriff von Charisma, wie du ihn verwendest von dem, was wir gegenwärtig als charismatische Bewegung beobachten?

Leonardo Boff: In diesem Punkt bin ich weder originär noch kreativ. Vielmehr meine ich, daß die europäische und zumal die deutsche Theologie den Charismabegriff zufriedenstellend erarbeitet hat. Wohl aber möchte ich die Konsequenz daraus ziehen. Mir liegt daran zu verdeutlichen, daß das Charisma nicht einfach eine Möglichkeit oder eine vorläufige Größe in der Kirche, sondern eine Grundstruktur der Gemeinde Christi ist. Was ich damit meine, ist aber nicht so formell, wie es klingt. Ich würde also sagen, daß das Kreative im Volk Gottes – im Blick auf Liturgie und neue Ausdrucksformen des Glaubens, auf eine neue Verteilung der sakralen Macht auch unter Einbezug der Basis, auf die Bekehrung zahlreicher Bischöfe und Kardinäle, die weniger formelle Autorität als vielmehr wirkliches Hirtesein unter dem Volk bekunden – daß alle diese Veränderungen, dieses ganze prozeßhafte Neuentstehen der Kirche konkrete Manifestationen von Charismen sind. Die Kirche ist ja nicht nur Sakrament Christi, sondern auch Sakrament des Heiligen Geistes, insofern dieses ganze Aufbrechen auch Gabe, Zeichen und Werkzeug des Geistes des auferstandenen Herrn in der Geschichte ist. In all diesen Veränderungen in der Kirche, die ja kongruent sein müssen zu den positiven Veränderungen in der Gesellschaft, spüren wir etwas vom Wirken des Heiligen Geistes. Und ich meine: Wenn wir in Lateinamerika die schöpferische Kraft des Geistes Gottes nicht in unserer Kreativität zum Zuge kommen lassen, wird es bergab gehen. Denn der soziale und kulturelle Prozeß ist derart gewaltig, die Kreativität des Volkes – man denke nur an den Reichtum in den afrobrasilianischen Religionen – ist derart groß, das Aufbrechen von neuen Symbolen ist derart überwältigend, daß die Kirche mitmachen muß, wenn sie die Größe des Geistes Gottes und das Frohmachende an der Botschaft Jesu nicht in erstarrten und unangemessenen Formen verkümmern lassen will. Sonst werden wir aus dem Rhythmus der Geschichte herausfallen und das Volk nicht mehr evangelisieren können.

V. Maria: die Zukunft des Weiblichen

Horst Goldstein: Darf ich eine Frage anfügen, die von der anderen Seite her – nicht von einer vermeintlichen Minimalisierung, sondern von einer eventuellen Maximalisierung her – heikel ist, und bei der ich auch selbst vielleicht nicht alles verstanden habe? Ich beziehe mich auf deine Mariologie. Wir haben hier ja schon dein theologisches Engagement in Richtung Befreiung und Pneumatologie angesprochen, und bekannt ist auch dein Bemühen, der Frau und dem Weiblichen insgesamt in der Theologie einen neuen Wert beizumessen. Diese drei Grundansätze bereiten mir keine Schwierigkeiten. Auf dieser Basis entwickelst du nun aber im Durchgang durch das »Ave Maria« eine Mariologie, die – wenn ich sie richtig verstanden habe – mich nicht vor Zweifeln bewahrt: Wie sich die zweite Person der göttlichen Dreifaltigkeit in dem Mann Jesus von Nazaret inkarniert, so pneumatifiziere sich die dritte Person der Dreieinigkeit in der Frau Maria. Nun lehnst du verbal entschieden ab, damit ein Erlöserpaar konstruiert zu haben. Aber dennoch denke ich, müßtest du, wenn Mißverständnisse vermieden werden sollen, diese These noch etwas näher erläutern.

Leonardo Boff: Man kann die Mariologie aus zwei Richtungen betrachten. In der ersten Richtung liegt die ganze Tradition der Kirche, die – auch in Polemik gegen den Protestantismus – die Lehre von der Mutter Jesu im Rahmen der Ekklesiologie oder der Christologie behandelt. Aus der anderen Richtung komme ich: Ich möchte die ganze Diskussion, die übrigens nie zu Ende kommt, mal auf sich beruhen lassen. Mein Ansatz liegt bei der Anthropologie. Für mich ist die Frage, was für eine theologische Zukunft – um nicht zu wiederholen: theologische Relevanz – die Frau und das Weibliche im Plane Gottes haben. Die klassische Theologie spricht ja immer nur vom Menschen und meint damit unausgesprochen den Mann. Gott wird als Vater und Jesus als Sohn beschrieben. Beides männliche Bilder. Frauen könnten da den Eindruck haben, sie seien mit ihrer Weiblichkeit in der Heilsgeschichte unterprivilegiert.

Deshalb möchte ich wissen, was für eine eschatologische Größe das Weibliche ist. Diese Frage brach in der Geschichte der Theologie kaum auf. So weit ich die Literatur überblicke, haben sich weder *Augustinus* noch *Thomas von Aquin* noch irgendein anderer der großen Theologen mit diesem Problem befaßt. Zunächst ging es mir also gar nicht um Maria, sondern um die Frau und um das Weibliche. Nun kam mir der Gedanke, ob sich die Antwort nicht in der Mariologie finde. Wie ein Blitz ging es mir durch den Kopf, als ich in Mexiko vor »Unserer Lieben Frau von Guadelupe« stand. Ganz alleine stand ich da, wohl eine halbe Stunde, was nur selten möglich ist, weil sich sonst ein endloser Strom von Betern vor dem Bild herbewegt. Nun wird Maria von Guadelupe als Schwangere dargestellt, und die Menschen verehren sie auf Knien, mit aller Inbrunst. Ja, sie sagen, sie beteten sie an. Da kam mir plötzlich die Erkenntnis, das könne doch nicht alles falsch sein, diese Menschen hätten Recht. Die schwangere Maria trägt Gottes Sohn, trägt Gott selbst in sich. Anthropologisch wissen wir nun aber von *Buytendijk* und anderen, daß in dieser Phase Mutter und Kind eine Lebenseinheit bilden. Wenn dem aber so ist, dann meinen die Menschen in Mexiko zugleich mit Jesus, wenn sie ihn anbeten wollen, auch die, die zu ihm gehört. Zu dieser Einheit – das ist das Entscheidende – gilt es, ja zu sagen. Wenn man also vor Maria steht, steht man damit im selben Augenblick vor einer endgültigen, letzten Wirklichkeit: vor einer definitiven und vollen Zärtlichkeit, vor einer unüberbietbaren Barmherzigkeit im biblischen Sinn, vor Gott, den Maria in ihrem Schoß trägt als der großen Mutter. Da – so denke ich – liegt vielleicht eine Antwort auf meine Frage, was für eine Zukunft die Frau bzw. das Weibliche habe oder ob das Femininum, und zwar nicht einfach als Humanum, sondern gerade als Femininum, nicht auch berufen sei, zu einer eschatologischen Realisierung zu finden. Und weiter, ob diese endzeitliche Verwirklichung in Gott nicht auch in Geschichte und in Jetztzeit eine Antizipation kenne, wie das Männliche von Gott her in Jesus von Nazaret zu seiner Vorausverwirklichung kommt. Da kam mir der berühmte Satz von *Irenäus* ins Gedächtnis, daß der Vater uns mit seinen zwei Händen umarmt: mit der rechten, die Jesus Christus ist, und mit der linken, die Maria ist, und daß diese beidseitige Umarmung uns rettet. Wichtig dabei ist freilich, daß es sich dabei um eine einzige Geste, um einen einzigen Prozeß handelt. Die Erlösung der Menschheit durch den dreifaltigen Gott ist ein einziges Geschehen: Der Vater ist der Ursprung des Ganzen, er sandte uns den Sohn und zusammen mit ihm auch den Heiligen Geist. In der Verkündigungszene kreuzen sich die beiden Momente: Das Wirken des Heiligen Geistes bereitet in der Frau Maria die Menschwerdung des Erlösers zu. Maria vergegenwärtigt in diesem Augenblick die ganze Heilsgeschichte: Gott und Christus, der ständig durch das Wirken des Geistes gezeugt wird; die Menschheit Maria ist somit der Tempel des Heiligen Geistes und des Sohnes. Um das alles zusammenzufassen: Meine Frage in dem Augenblick in Mexiko war, ob Maria nicht die eschatologische Vorwegnahme der Zukunft des Weiblichen sei. Natürlich müßte man an dem Problem anthropologisch weiter arbeiten, damit das Femininum nicht einfach mit der Frau identifiziert wird. Das Weibliche ist ja, wie jedermann weiß, eine Grundstruktur der menschlichen Existenz, des Mannes wie der Frau . . .

Horst Goldstein: . . . Obgleich es, ähnlich wie in der Sakramentenfrage, in der Frau am dichtesten zum Ausdruck kommt.

Leonardo Boff: Wenn man das alles mit den an traditionelle Töne gewöhnten Ohren hört, dann klingt es wie eine Häresie. Und ein ordentlicher Protestant wird aus seinem klassischen Verständnis her meine Überlegungen nie annehmen können, weil ich nach seiner Meinung Maria absolut maximal denke. Aber mein Anliegen ist es ja gerade, diese klassischen Bahnen, die kontroverstheologisch nicht weiterführen, von der Anthropologie her zu überwinden.

VI. Frauen: Träger der Theologie der Befreiung

Horst Goldstein: Wenn ich mich mit Frauen unterhalte, die sich einerseits kirchlich engagieren und andererseits auch im Sinne des Feminismus aktiv sind, dann tue ich mich schwer, bei diesen Frauen Sympathie für die Theologie der Befreiung zu wecken, weil sie sagen, auch dort sähe man im Grunde nur wieder Männer am Werk.

Leonardo Boff: Ja, diese Frauen haben uneingeschränkt Recht. Nur denke ich, daß das Problem – zumindest in Lateinamerika – keine Frage der Konfrontation zwischen Männern und Frauen ist, sondern des Interessenwiderspruchs zwischen den Mächtigen und den Machtlosen, und da ist das Verhältnis zwischen Männern und Frauen *ein* Aspekt, *eine* Erscheinungsform dieser Auseinandersetzung. Ich denke zum Beispiel auch an die Schwarzen in der brasilianischen Gesellschaft. Wir haben in Brasilien bei etwa 130 Millionen Einwohnern rund 40 Millionen Schwarze bzw. Mischlinge. Und warum gibt es unter unseren 360 Bischöfen kaum einen Schwarzen und davon keinen einzigen Theologen der Befreiung im engeren Sinn? Warum? Darin spiegelt sich die Tatsache, daß die Kirche über Jahrhunderte eine Kirche der Weißen gewesen ist, die mit den Mächtigen Hand in Hand ging. Erfahrungswerte der anderen Seite, das heißt der Ohnmächtigen – in unserem Fall der aus Afrika importierten Negersklaven und deren Nachfahren wie auch der in einer vom Machismus geprägten Gesellschaft machtloser Frauen – kamen in dieser Kirche nicht vor. Deshalb wurde auch kaum über das Femininum nachgedacht. Im Gegenteil: Wir haben es beiseite geschoben und unterdrückt. Deshalb ist meines Erachtens die römisch-katholische Kirche in ihren Institutionen so hart gegenüber den Frauen; und deshalb ist sie so übertrieben männlich und – weil das Menschliche ja auch weibliche Strukturelemente beinhaltet, die in ihr aber beinahe nicht vorkommen – fast unmenschlich. Weibliche Zärtlichkeit hat unsere Kirche in ihren Institutionen kaum zu Wort kommen lassen. Frauen, die ein Gespür für diese Tatsachen haben, fühlen sich verständlicherweise benachteiligt und unterdrückt. Allerdings meine ich, daß die Theologie der Befreiung da neue Bündnisse schließen und neue Kampfesfronten aufbauen kann. Frauen müssen in der Befreiungstheologie selbst zu Wort kommen, sie müssen selbst das Wort ergreifen. Frauen müssen Träger der Theologie der Befreiung werden. Die Befreiungstheologie soll ja keine neue Variante männlicher Gottesspekulation sein, sondern sie soll allen Zukurzgekommenen – ob Frauen oder Männern – umfassende Befreiung vermitteln. Ich selbst bemühe mich sehr, wo immer möglich Frauen in Kommissionen und Ausschüsse wählen zu lassen, damit sich das Weibliche endlich zu Wort melden und unsere Theologie mitgestalten kann. Wie Frauen glauben, wie sie Gott begegnen, wie sie Christuserfahrungen machen, das alles darf in einer echten Befreiungstheologie nicht fehlen. Wo sich nur Männer zu diesen Fragen äußern können, wird der Gottesglaube der Bibel schlichtweg verkürzt.

Horst Goldstein: Vielleicht ist da das gelebte und reflektierte, aber eben doch das konret vollzogene Leben bereits ein Stückchen auf dem Wege. Wenn ich daran denke, was ich etwa in bestimmten Basisgemeinden in Brasilien, aber auch in Mittelamerika gesehen habe, dann gibt das durchaus Anlaß zur Hoffnung. Da sind Frauen mit einer reifen Menschlichkeit und einer soliden Bildung, die von Männern und Frauen gleichermaßen als Leiter einer Gemeinschaften akzeptiert sind. So habe ich etwa in Estelí in Nicaragua gesehen, daß die konzeptionelle Erarbeitung der Pastoral für die gesamte Diözese in der Hand einer Frau liegt. Aus solchen Beobachtungen ziehe ich nun den Schluß, daß wir uns auch hierzulande die Frage stellen müßten, wie eine Wertschätzung der Frau in der konkreten Arbeit, in dem wenn auch zugegeben engen Bedingungsrahmen unserer Verhältnisse möglich sei, ohne daß wir gleich die letzte Frage des weiblichen Priestertums lösen wollten.

Leonardo Boff: Ich meine, daß gerade die Basisgemeinde einen Raum bilden, in dem die Frauen Befreiung erfahren können. Bekanntlich wird die Mehrzahl der 120000 Basisgemeinden, die es gegenwärtig in Brasilien gibt, von Frauen geleitet. Anfänglich haben dort, wo Frauen die Leiter der Basisgemeinden sind, die Männer wohl ihre Bedenken; nach und nach entdecken sie aber, daß das Ganze gut, wenn nicht sogar besser als unter männlicher Regie läuft. Dann gehen sie hin, fühlen sich zu Hause und haben in dem neuen Umgang vielleicht eine Ahnung von Befreiung. Diese praktische Erfahrung sollte nun aber theologisch reflektiert werden. Das wäre dann ein wesentlicher Beitrag zur feministischen Theologie, die als Grundlage das gelebte Leben hat.

VII. Die Option für die Armen: Verpflichtung für alle

Horst Goldstein: Es ist eine Tatsache, daß die lateinamerikanischen Basisgemeinden wenn nicht ausschließlich, so doch in der ganz großen Mehrzahl in der Klasse der Unterprivilegierten angesiedelt sind. Bei uns sind nun Vorwürfe laut geworden, dieses Faktum, das mit der »vorrangigen Entscheidung für die Armen« begründet werde, entwickle sich bei euch unberechtigterweise zu einer Ausschließlichkeit. Und jetzt kommt das marxistische Argument wieder: Da der Topos der Befreiungstheologie der – wenn auch analytisch verstandene – Klassenkampf sei, spalte die Theologie der Befreiung in ihrer Praxis wie in ihrer Reflexion die Kirche, und der Versöhnungsauftrag der ihr vom Evangelium her geboten sei, würde nicht nur nicht ausgeführt, sondern auch unmöglich gemacht. Deshalb wehren sich bestimmte Leute hierzulande auch heftig, an eine Neuschöpfung der Theologie der Befreiung unter mitteleuropäischen Verhältnissen zu denken, weil sie sagen, man könne nicht den Bazillus des Klassenkampfes in unsere Kirche tragen.
Leonardo Boff: Ich möchte mit einer Überlegung des Bischofs der brasilianischen Industriestadt Volta Redonda, *Valdir Calheiros,* antworten. Dom Valdir sagt: Selbstverständlich ist keiner ausgeschlossen, diese Option für die Armen zu treffen, weder der Papst noch irgendein Kardinal, weder die Priester noch Laien, weder die Männer noch die Frauen. Vom Evangelium her gese-

hen, haben alle diese Entscheidung zu fällen. Das ist eine Frage der Katholizität der Kirche. Nun: So einleuchtend das von der Botschaft Jesu her auch ist, so wenig versteht es sich von der gesellschaftlichen und psychologischen Wirklichkeit her. Ein Armer, der im Elend lebt, tut sich schwer, für einen noch Ärmeren einzutreten. Und es ist gar nicht selbstverständlich, daß sich ein Armer für die Befreiung eines anderen Armen, eine Frau für die Befreiung einer anderen Frau einsetzt. Gewöhnlich ist es doch so, daß – wie *Paulo Freire* gezeigt hat – im Armen die Weltanschauung des Reichen haust, daß der Arme nicht Bruder des anderen Armen sein will, sondern wie der Reiche auch Macht über ihn haben will. Diesen Geist der Macht, des Reichtums und der Verfügung über andere gilt es auszuschließen. Und zwar gilt das für alle. Insofern hat die vorrangige Option für die Armen sehr wohl einen Ausschließlichkeitscharakter. Alle müssen ihren Egoismus ausschließen, austreiben. Die Reichen – so hat der Papst 1980 das in Brasilien formuliert – müssen ihre Option für die Armen und die Armen für die noch Ärmeren treffen. Alle sind zur Umkehr aufgerufen.

Horst Goldstein: Das christliche Ideal ist gewiß weder der Reichtum noch die Armut, sondern die Gerechtigkeit. Wie sehr die Verwirklichung der Gerechtigkeit an den Reichen hängt, brauchen wir nicht weiter auszuführen. Aber auch die Armen sind gefordert, in dem Sinn, daß sie allen Neid und alle Mißgunst aus ihrem Herzen verbannen. Die vorrangige Option für die Armen als Ermöglichung von Gerechtigkeit betrifft also alle. Würde man die Armen ausschließen, nähme man ihnen damit die Möglichkeit der Umkehr. Im Blick auf unsere Situation eines reichen Landes zeigt sich: Der Gedanke, daß es nach dem Evangelium weder um Reichtum noch um Armut, sondern um Gerechtigkeit geht, ist in unseren gesellschaftlichen und kirchlichen Verhältnissen noch lange nicht assimiliert und stellt noch lange eine gewaltige Herausforderung dar.

Die Theologie der Befreiung ist in Lateinamerika entstanden. Vielleicht gibt es da zwei große Entstehungsfelder: Da ist einmal die Situation in Brasilien während der frühen sechziger Jahre mit den verschiedenen Bewegungen der spezialisierten Katholischen Aktion in den unterschiedlichen beruflichen Milieus zu nennen und zum anderen haben wir die verschiedenen Ansätze ab der Mitte der sechziger Jahre in Peru. Irgendwann sind dann diese beiden Ströme zusammengeflossen, sind von Anfang an angefochten gewesen, haben sich konsolidiert und wurden schließlich »Theologie der Befreiung« genannt. Parallel zur Geschichte der Befreiungstheologie verläuft also immer auch die Gegengeschichte ihrer Befehdung, der Anfeindung und des Kampfes gegen sie. Mittlerweile hat sich so etwas wie Theologie der Befreiung auch in anderen Weltreligionen, in Afrika und Asien, verbreitet; und bei uns in Europa ist sie in manchen Nischen rezipiert worden, aber der Widerstand ist beträchtlich. Obwohl Ihr nicht anstrebt, die Kolonialgeschichte umzukehren und die Befreiungstheologie sozusagen nach Europa zurückzuimportieren, möchte ich doch fragen, welche Erwartungen Ihr an uns habt, wenn wir als katholisch-weltweit denkende Christen in Mitteleuropa, das ja zumindest die Metropole des auch Lateinamerika umfassenden Wirtschafts- und Gesellschaftssystems mit konstituiert, brüderlich-schwesterlich und solidarisch-engagiert zusammenleben wollen.

Leonardo Boff: Zunächst sind wir sehr dankbar für alle Theologen, die diese Theologie verstanden, in Europa ins Gespräch gebracht, in ihr eigenes Denken übernommen und gegenüber ungerechter Kritik auch verteidigt haben. Andererseits meinen wir, daß die Theologie der Befreiung für die Erste Welt noch wichtiger ist als für die Dritte Welt, auch wichtiger als für Lateinamerika und für Brasilien. Denn analytisch gesehen, liegen die Hauptgründe für die Verelendung – wenn auch nicht ausschließlich – in den Metropolen mit ihren ungleichen Beziehungen zu den Gesellschaften der Dritten Welt. Deshalb sollte hier in den *Zentren* des Systems, in den Quellregionen der Verarmung die Theologie der Befreiung eigentlich anfangen. Zugegeben: Das ist alles theoretisch gedacht. Konkret läßt sich das alles aber nur, oder zumindest am deutlichsten, in der Dritten Welt erfahren. In der Ersten Welt springen diese interkontinentalen Kausalverknüpfungen nicht so sehr ins Auge; und die Vorteile, die das System den Menschen bringt, sind derart groß, daß sie sich leicht blenden lassen.

VIII. Das gemeinsame Elend

Horst Goldstein: Einmal erwartet ihr, daß die Mechanismen der Unterdrückung und Ausbeutung, an denen die Armen bei euch zu leiden haben, von uns aus anvisiert werden. Und zum anderen – das ist nun aber nicht eure Aufgabe, sondern das müssen wir weiterdenken – gibt es auch so etwas wie Inseln von Dritter Welt in unserer Gesellschaft, wie sich übrigens ja auch bei euch Flecken von Erster Welt finden. Denn die Mechanismen, die bei euch Menschen ins Elend stürzen, schaffen ja auch hier Not und Unfreiheit. Wo Menschen hier an Unfreiheit leiden, vermutlich verursacht durch dieselben interkontinental wirkenden Mechanismen, da wäre auch bei uns ein Auftrag für Befreiungstheologie. Nun liegt mir ein Interview mit Bischof *Karl Lehmann* vor, der dort sehr vorsichtig, ja kritisch mit der Theologie der Befreiung umgeht. Lehmann sagt: »Wir haben hier andere Nöte als die Menschen dort«, in der Dritten Welt. Um die Andersartigkeit unserer Probleme zu schildern, zählt er auf: Einsamkeit, Konsum-Terror, Konflikte in den Familien, Probleme mit Ausländern, hohe Selbstmordziffern. Und Lehmann wieder wörtlich: »Befreiung ist notwendig, aber auch als Befreiung von psychischer Not, von Rücksichtslosigkeit, von der Verhärtung des Herzens, von Egoismus.« Das »Aber«, das der Bischof sagt, soll die Andersartigkeit, vielleicht sogar den Gegensatz zwischen den Problemen hier und dort signalisieren. Das »Aber« soll der Befreiungstheologie auf dem Weg zu uns eine Barriere entgegenstellen. Nur frage ich, ob denn die lateinamerikanische Befreiungstheologie nichts mit Konsum-Terror, mit Verhärtung des Herzens und Egoismus zu tun hat. Die Mechanismen, die dort massenhafte Verelendung schaffen, stürzen Menschen hier millionenfach in die Vereinsamung. So hätte ein authentisches Befreiungschristentum, das bei unseren Abhängigkeiten und Unterdrückungen ansetzt, einen ersten Einstieg hier und könnte dann über mancherlei Vermittlungen schließlich zu den Formen von Unfreiheit gelangen, die das eine uns und euch umgreifende Machtsystem in Lateinamerika produziert. Damit brauchte man Lehmanns Ausführungen nicht mehr als Warnung vor der Theologie der Befreiung verstehen, sondern könnte sie als eine Aufforderung zur Schaffung einer hier inkarnierten Befreiungstheologie begreifen.

Leonardo Boff: Zwei Antworten möchte ich auf deine Überlegungen geben. Zunächst bin ich der Ansicht, daß die materielle Armut, wie wir sie bei uns sehr konkret sehen, weder spiritualisiert noch idealisiert werden darf. Dieses Elend ist brutal, es zerstört die Psyche der Menschen, bringt Nervosität mit sich, führt zu Mißtrauen und Neid, läßt Menschen vereinsamen und gebiert Gewalt. Und zwar grassieren alle diese bösen Folgen der materiellen Not bei uns mindestens so wüst wie bei euch. Zweitens: Ich meine, die geschilderten Mißstände wie Einsamkeit, Herzenshärte und Egoismus in Europa können nur das Eingangstor für das Engagement von Christen sein. Wenn man versucht, die Ursachen dafür aufzudecken, dann entdeckt man bald, daß dieselben Strukturen und Mechanismen bei uns vor allem, aber nicht nur, materielle Not produzieren, die dann – wie gesagt – auch ihre psychischen Konsequenzen hat, während sie hier in der Ersten Welt insbesondere menschliche Misere erzeugen. Was ich also sagen will, ist, was du auch schon vermutetest, daß die Quellen dieselben sind. Das kapitalistische System ist schlecht für die Armen, aber nicht minder schlecht für die Reichen. Auf dem Boden des Kapitalismus kann keine Menschlichkeit sprießen.

Horst Goldstein: Ist dies das, was die Instruktion vom 6. August und die jüngste Verlautbarung des Heiligen Vaters *Reconciliatio et Paenitentia* vom 11. Dezember 1984 mit »sozialer Sünde« meint?

Leonardo Boff: Ja, das meine ich. Die »soziale Sünde« ist eine

Sünde der Beziehungen. Die Gesellschaft ist keine Sache, sondern ein vielfältiges und vielgestaltiges Geflecht von Beziehungen. Und diese Beziehungen sind bei uns wie bei euch zerstört, weil der Kapitalismus mit seinen Grundelementen gerade darauf aus ist, Beziehungen zu spalten und Menschen in Gegenüberstellung zueinander zu bringen. Unsere Beziehungen sind derart verdorben, daß nun auch endlich von kirchenoffizieller Seite von sozialer Sünde gesprochen wird. Natürlich müßte man dann auch umgekehrt von sozialer Gnade und sozialer Erlösung sprechen. Und dann müßte auch um die soziale Vergebung dieser Sünde gefleht werden.

»Ihr habt mich nicht aufgenommen«

Zum kirchlichen Kampf um die Theologie der Befreiung

Von Peter Eicher

»Wär er, der Befreier, nicht da,
so sage doch, Israel,
wär Er nicht mit uns
als sich die Menschen wider uns stellten:
sie hätten uns verschlungen
lebendigen Leibs . . .

Gepriesen sei Er,
er entriß uns den Zähnen
und wir sind entschlüpft
wie der Vogel der Schlinge des Jägers;
das Netz ist zerrissen
und wir sind frei . . .

(Psalm 124)

I. Von der Entwicklung zur Befreiung

»Entwicklung« – das war der neue Name für den Frieden, auf den die Welt nach dem zweiten großen Weltkrieg ihre Hoffnung setzte. Denn in der Hoffnung auf Frieden durch Entwicklung ließen sich die expansiven Kräfte des Weltmarktes mit den ethischen Zielen einer allseitigen Entfaltung der internationalen Völkergemeinschaft bruchlos verbinden. *Populorum progressio* formulierte 1967 diese große Nachkriegshoffnung gleichsam abschließend: »Wenn heute niemand mehr bezweifeln kann, daß Entwicklung gleichbedeutend ist mit Friede, wer wollte dann nicht mit ganzer Kraft an dieser Entwicklung mitarbeiten?« (Nr. 87), an dieser Entwicklung, in der »die Starken den Schwachen zum Fortschritt verhelfen« (Nr. 75), in der »die Reichen [. . .] wissen, daß die Armen vor ihrer Türe stehen und auf die Brosamen von ihrem Tische warten« (Nr. 83) und die hochindustrialisierten Völker »Abstriche an verschwenderischen Ausgaben [. . .] zugunsten der Entwicklungshilfe« (Nr. 84) vorzunehmen haben.

Diese Hoffnung hat getrogen.

Gerade die Länder, die durch die Expansion der hochindustrialisierten Zentren des Welthandels dazu bestimmt wurden, nurmehr »Entwicklungsländer« zu sein, erfuhren die bittere Konsequenz, daß Entwicklung ihnen gerade nicht den Frieden brachte, sondern *ökonomisch* eine bisher unbekannte Form von Abhängigkeit, Verschuldung und Ausbeutung, *politisch* neue Formen der Unterdrückung, Militärregime und neokolonialistische Abhängigkeit, *sozial* die Verelendung immer größerer Bevölkerungsschichten und eine rasch zunehmende Herausbildung von Klassengegensätzen. Die Entwicklungstheorie der ersten zwanzig Nachkriegsjahre zeigte jetzt, was sie war: eine ideologische Rechtfertigung der neuen Form von Kolonialismus, diesmal durch die ökonomisch vereinten Herrschaftszentren der Industrienationen. Das Herrschafts*subjekt* dieser Entwicklung waren und blieben die hochindustrialisierten Zentren selbst und die von ihnen abhängigen und gestützten Machteliten an der Peripherie des Weltmarktes. Die international geförderten Militärregime vollzogen die Entwicklung zur Unterentwicklung mit allen Mitteln der Macht, nicht zuletzt mit Folter, Gesetzgebungswillkür, Korruption und Tötung vieler kritischer Kräfte.

Das kritische Bewußtsein, daß Entwicklung im Sinne der Industriestaaten für die mittel- und südamerikanischen Länder nicht Friede, sondern eine allen sozialen Frieden zerstörende Abhängigkeit bedeutet, ist nicht in den Zentren, nicht in der Bundesrepublik Deutschland und nicht in Japan, nicht in den USA und nicht in der Schweiz oder in Österreich gewachsen, sondern in der Peripherie selbst. Der Schrei nach Befreiung und die Theologie der Befreiung, die diesen Schrei sozialwissenschaftlich argumentativ artikuliert und in der Sprache des Glaubens prophetisch auslegt, sagt der Entwicklung zur Unterentwicklung entschieden den Kampf an. Insofern zur kapitalistischen Wirtschaftsform notwendigerweise die Expansion auf dem internationalen Markt gehört, sagt sie dem Kapitalismus als der strukturellen Ursache der Abhängigkeit ihren Kampf an. Insofern die ökonomische Entwicklung die Reichen in einem sich beschleunigenden Tempo immer reicher, die Armen immer schneller ärmer werden läßt, gilt ihre Arbeit dem Kampf gegen die aufgebrochenen Klassengegensätze und den diese Gegensätze stabilisierenden politischen Regimen. Insofern die zunehmende Ausbeutung ohne die ökonomische Entwicklungspolitik der Welthandelszentren nicht möglich wäre, gilt die Arbeit der Theologie der Befreiung aber auch dem Kampf gegen die Zentren der Ausbeutung, wozu nicht nur die deutschen Großkonzerne Thyssen, Höchst, Daimler-Benz, BASF, Siemens, Volkswagen, Bayer, Flick usw., sondern auch wichtige Entscheidungsträger der deutschen Außen- und Wirtschaftspolitik und nicht zuletzt auch die vorwiegend am Wirtschaftswachstum orientierten Kräfte des deutschen Katholizismus gehören.

II. Die Phasen des Nord-Süd-Konflikts in der Katholischen Kirche

Grob skizziert zeigt der Nord-Süd-Konflikt der Nachkriegszeit, wie er sich im Handeln und im Bewußtsein der Katholischen Kirche auswirkt, drei Phasen:

A) *1945–1967* wurde von einer Theologie des Zentrums geprägt, welche ihre Hoffnung und Anstrengung auf die allgemeine Entwicklung von Ökonomie, Technologie und internationaler Politik und damit verbunden auf die Zunahme von Solidarität und Verantwortung setzte. Subjekt der Entwicklung blieben die »Menschen guten Willens« (Populorum progressio, Nr. 87) in den reichen Wirtschaftsnationen selbst, wobei mit den »Menschen guten Willens« weniger das Volk oder die Gemeinden angesprochen waren als vielmehr deren Entscheidungsträger. Das römische Lehramt und das 2. Vatikanische Konzil machte sich dabei selbst zum ethisch außerordentlich anfordernden Sprecher dieser Entwicklungsarbeit.

B) *1967–1984* erwachte in den zur Unterentwicklung entwickelten Ländern besonders Lateinamerikas und Afrikas das kritische Bewußtsein und auch ein mannigfacher Widerstand gegen die eminent verschärften Formen der Ausbeutung. Das zur Verelendung getriebene Volk macht sich insbesondere in den neuen Lebensformen der Basisgemeinden (allein in Brasilien werden 120000 geschätzt) selbst zum Subjekt der Befreiung. Mit den Theologen waren es die Bischöfe, die 1968 in Medellín oder 1973 in einem dramatischen Hirtenbrief der Bischöfe des Nordostens Brasiliens, »Ich habe den Schrei meines Volkes gehört«, die Situation Lateinamerikas als strukturelle Gewalt beschrieben und als einzig ihr angemessene Auslegung des Alt- und Neutestamentlichen Evangeliums die Praxis der Befreiung forderten und vorzuleben begannen. Trotz der einsetzenden Verfolgung der Basisgemeinden durch Todesschwadrone und durch die Staatspolizei in mehreren Ländern Lateinamerikas, trotz der Ermordung zahlreicher Priester, der Folterung auch von Bischöfen (wie 1976 von Dom *Adriano Hypolito*) und trotz der seit 1973 insbesondere von deutschen Bischöfen und Theologen im Studienkreis »Kirche und Befreiung« organisierten Kampagne gegen die befreiende Theologie des Volkes, konsolidierte sich die radikal erneuerte Kirche des Volkes und die Theologie der Befreiung in den Siebziger Jahren. Als eindrückliches Dokument steht dafür 1979 das Zeugnis des lateinamerikanischen Episkopats von Puebla, das im Namen der biblischen »Zivilisation der Liebe« zusammen mit der Basis der Kirche konkrete Befreiung und nicht mehr nur Entwicklung fordert. In dem von *Johannes Paul II.* approbierten Text heißt es einleitend:

> »Die Zivilisation der Liebe lehnt Unterwerfung und Abhängigkeit ab, die der Würde Lateinamerikas schaden [. . .] Lateinamerika muß jetzt den entwickelten Ländern klar machen, daß [. . .] sie uns nicht ausbeuten dürfen, sondern

> großherzig helfen müssen, die Schranken unserer Unterentwicklung zu überwinden. Dabei müssen sie unsere Kultur, unsere Prinzipien, unsere Souveränität, unsere natürlichen Ressourcen respektieren.« (Die Evangelisierung in der Gegenwart und in der Zukunft Lateinamerikas. Dokument der III. Generalkonferenz des Lateinamerikanischen Episkopats in Puebla. Bonn 1979, 12)

Als Ursache der dramatischen Verelendung in ausgedehnten Regionen aller lateinamerikanischen Länder wird ausdrücklich »die Tatsache der wirtschaftlichen, technologischen, politischen und kulturellen Abhängigkeit« genannt, die selber wieder bedingt sei durch »die Anwesenheit multinationaler Finanzzusammenschlüsse, die häufig nur ihren eigenen Interessen auf Kosten des Empfängerlandes dienen«, aber auch durch den manipulierten Wertverlust der Rohstoffe, die Tatsache des schrankenlosen Wettrüstens, »des großen Verbrechens unserer Zeit« usw. (a.a.O., Nr. 66ff.). Die »Situation der Abhängigkeit und Unterdrückung im nationalen wie im internationalen Bereich« wird auf einen rückschrittlichen »kapitalistischen Liberalismus« zurückgeführt. Theologisch wird dieses ökonomische Handeln auf dem freien Markt des kapitalistischen Wettbewerbs als »die Anbetung des Reichtums in Form von persönlichem Besitz«, als ein versklavender Götzendienst bloßgestellt (vgl. a.a.O., Nr. 493–506, 542). Durchaus im Konsens mit der päpstlichen (weniger der bischöflichen deutschen) Verkündigung sozialer Gerechtigkeit wird in dieser zweiten Phase ein konstitutiver Zusammenhang zwischen der Evangelisierung und der Befreiung hergestellt. 1971 hatte die Bischofssynode in Rom in ihrem Schlußdokument »die Gerechtigkeit in der Welt« formuliert:

> »Für uns sind der Einsatz für Gerechtigkeit und die Beteiligung an der Umgestaltung der Welt *konstitutiver* Bestandteil der Verkündigung der frohen Botschaft, das heißt der Sendung der Kirche zur Erlösung des Menschengeschlechts und zu seiner Befreiung aus jeder Situation der Unterdrückung«

(Nr. 6, Sperrung P. E.; vgl. die Enzyklika »Evangelii Nuntiandi« Pauls VI., 1975, Nr. 30).

Die bischöfliche Theologie der Befreiung von Puebla begründete diesen inneren Bedingungszusammenhang von Verkündigung und Befreiung, der es der Kirche zur Pflicht macht, »in der Politik präsent zu sein, aus dem innersten Kern des christlichen Glaubens, aus der Herrschaft Christi, die das ganze Leben umschließt« (Nr. 516). Bis zu Beginn des Jahres 1984 gab es für diese zweite Phase des Nord-Süd-Konflikts in der Katholischen Kirche nicht nur einen sehr breiten, sondern auch einen sehr tiefen Konsens, den man unter sechs Gesichtspunkten zusammenfassen kann:

1. Einen Konsens in der *Beschreibung* der Unterentwicklung: die rasch zunehmende Verelendung in den Ländern der Peripherie wurde auf die ungerechten Strukturen der internationalen, kapitalistisch funktionierenden Wirtschaft als ihrer zentrale Ursache zurückgeführt.

2. Einen *Handlungskonsens:* Die Verkündigung des Evangeliums und die praktische Arbeit für die Befreiung aus der Abhängigkeit gehören so zusammen, daß eines ohne das andere – wie es eindrücklich besonders der erste Johannesbrief formuliert – für jedes Handeln, das christlich sein will, zur Lüge würde.

3. Einen *Begründungskonsens:* Im Evangelium des Alten und des Neuen Testaments ermöglicht Gottes erlösendes Wort reale Befreiung, schaft die Verheißung selbst die befreiende Tatkraft der Glaubenden, stiftet der »kategorische Indikativ« *(G. Fuchs)* von Gottes Zuwendung zu den Gottlosen, den Armen und den in Unfreiheit Gehaltenen, den kategorischen Imperativ, die Unterdrückungsverhältnisse zu brechen und die ausbeuterische Gesellschaft selbst zu verändern. Die Versöhnung der Sünder ermöglicht und erfordert Befreiung der realen Unrechtsstrukturen.

4. Einen *methodischen Konsens:* Das für jedes befreiende kirchliche Handeln notwendige Verstehen des Elends verlangt theolo-

gisch die intensive Verarbeitung sozialwissenschaftlicher Analysen und historischer Befreiungserfahrung.

5. Einen *ekklesiologischen Konsens:* Der Aufbruch der Basis und ihre Organisation in Basisgemeinden wurde nicht nur von der lateinamerikanischen Bischofskonferenz gefördert und begrüßt, sondern auch vom Bischof von Rom vorsichtig gutgeheißen und von der Glaubenskongregation jedenfalls nicht behindert.

6. Einen *Zielkonsens:* Gottes Reich soll weder auf Erden verwirklicht, noch soll die Geschichte zu einer immanenten Vollendung gebracht werden, vielmehr ist, nach einer glücklichen Formulierung von *Leonardo Boff* der mühsame Befreiungsprozeß notwendig, »damit die Welt das Reich in sich aufnehmen und zu einem glücklichen Ende finden kann« (Kirche: Charisma und Macht. Studien zu einer streitbaren Ekklesiologie. Düsseldorf 1985, 16).

Auf der Basis dieses Konsenses und durchaus innerhalb seiner ist die Theologie der Befreiung entstanden, wie sie erstmals in entwickelter Form 1971 von Gustavo Gutiérrez entworfen, dann aber insbesondere von Leonardo Boff, Segundo Galilea, Enrique Dussel, Jon Sobrino, José Miguez-Bonino, Juan Carlos Scannone, Carlos Mesters, Fernando Castillo, Clodovis Boff, Pablo Richard, Hugo Assmann und vielen anderen entfaltet und praktiziert wurde.

C) *Seit Januar 1984* wurde der offizielle Konsens auf Betreiben von Kardinal *Joseph Ratzinger* aufgekündigt und der Theologie der Befreiung der Kampf angesagt, und zwar *erstens* durch einen offiziösen Artikel von J. Ratzinger selbst (anonym in der peruanischen Zeitschrift »Oiga« vom 23. Januar 1984, dann unter Namensnennung in der italienischen Zeitschrift »30 giorni« vom 3. März 1984, dann in leicht veränderter Fassung in der »Neuen Ordnung« von Walberberg, 38 [1984] 285–295, veröffentlicht), der die angeblich liberale Bibelkritik und den angeblichen Marxismus der Theologie der Befreiung pauschal und heftig attakkierte. *Zweitens* wurde der Konsens in Frage gestellt durch die im Mai 1984 erfolgte Vorladung von *Leonardo Boff* zu einem »Kolloquium«, dessen negative Entscheidung in dem (portugiesischen) Einladungsschreiben schon präjudiziert war (deutsche Fassung, in: L'Osservatore Romano. Wochenausgabe in deutscher Sprache vom 29. März 1985): L. Boff vertrete in seinem neuen Buch »Kirche, Charisma und Macht« eine gefährliche Lehre, weil er – und dies ist zum Verständnis des Konflikts entscheidend – das katholische Kirchenverständnis in protestantischer Weise relativiere, die zeitlose Geltung des Dogmas schwäche und vor allem die kirchliche Amtsgewalt, d. h. die von Gott verliehene Vollmacht der Hierarchie kritisiere. Allerdings: das neue Buch von L. Boff (eine Sammlung von 13 z. T. älteren Aufsätzen) plädiert klipp und klar für eine umfassende Reform der hierarchischen Kirche zugunsten einer prophetisch, charismatisch und politisch engagierten Volkskirche. L. Boff fordert im Dienst umfassender Befreiung gerade auch die Überwindung der drückenden Abhängigkeit aller Frauen, Laien und Laisierten von dem geistlichen Monopol des Klerus, er fordert im Rückgriff auf die neutestamentliche Gemeindeordnung schlicht eine »Neustrukturierung und Neuverteilung der kirchlichen Arbeit und der religiösen Macht« (a.a.O. 13). Noch bevor (am 7. 9. 1984) das Gespräch mit dem Franziskanerpater stattfinden konnte, wurde *drittens* in einer Instruktion der Kongregation für die Glaubenslehre über einige Aspekte der »Theologie der Befreiung« am 6. August die hörende Kirche darüber belehrt, daß »gewisse Formen der Theologie der Befreiung, [. . .] die in ungenügend kritischer Weise ihre Zuflucht zu Konzepten nehmen, die von verschiedenen Strömungen des marxistischen Denkens gespeist sind« nicht mehr und nicht weniger als »den Glauben und das christliche Leben zerstören« (Vorwort, 3). Schon am 24. September verschärfte Kardinal *Joseph Höffner* in seiner Eröffnungsrede vor der Deutschen Bischofskonferenz die Debatte dadurch, daß er jetzt namentlich die Gebrüder *Boff, G. Gutiérrez* und *J. L. Segundo* angriff, um dabei die wahre – d. h. eine deutschprofessorale – Form der katholischen Soziallehre als Alternative und als Heilmittel gegen die angeblich marxistische

und tendenziell gewalttätige Theologie der Befreiung anzupreisen, wobei sich der Kardinal nicht scheute, dem Kontext entrissene Zitate sinnentstellend wiederzugeben (vgl. J. Kardinal Höffner, Soziallehre der Kirche oder Theologie der Befreiung? Bonn 1984, 16, Anm. 30, 19, Anm. 40, 20, Anm. 45) und geschmacklose Vergleiche anzubringen, so etwa den von Leonardo Boff mit *Walter Ulbricht* (24f.) oder den der sozialistischen Gesellschaft stalinistischen Zuschnittes mit einem »Franziskanerkloster – ohne Gott« (26).
Schließlich erfolgte am 11. März 1985 die »Notifikation der Kongregation für die Glaubenslehre« zu *Leonardo Boffs* Buch »Kirche: Charisma und Macht.« Sie enthielt im Wortlaut nur das erwähnte *Einladungsschreiben* zu dem römischen »Kolloquium«: Das Gespräch selbst und Leonardo Boffs ausführliche Antwort auf die Anfragen des Einladungsschreibens wurden inhaltlich in keiner Weise berücksichtigt. Die römische Glaubensbehörde urteilt, bevor sie die Angeklagten hört – und wenn sie einmal angehört werden, so kann dadurch das Urteil nicht mehr geändert werden. Das heißt, daß dem Urteil kein Argumentieren vorausgeht, sondern ein bloßes Diktat: Argumentieren setzt ja kommunikatives Handeln voraus und dieses wiederum den Willen beider Gesprächspartner zur Selbstkritik und zur Überprüfung der eigenen Gesprächsvoraussetzungen. Es half auch nichts, daß die Glaubenskongregation in der »Notifikation« sich nur zu erklären verpflichtet fühlte, »daß die hier analysierten Optionen von L. Boff so sind, daß sie die gesunde Glaubenslehre, die zu fördern und zu schützen eben die Aufgabe dieser Kongregation ist, gefährden« (L'Osservatore Romano, a.a.O., 4). Denn kurze Zeit, nachdem Leonardo Boff trotz aller Verfahrensmängel die römischen Vorbehalte selber vorbehaltlos angenommen hatte, wurde er am 26. April 1985 von der Glaubenskongregation zu einem »unterwürfigen Schweigen« für die Dauer eines Jahres verurteilt.
Worin liegt der sachliche Dissens und was hat er historisch und theologisch zu bedeuten?

III. Der historische Konflikt

Nach der kubanischen Revolution befürchtete der westliche Wirtschaftsblock, daß die Fackel der Revolution ganz Mittel- und Lateinamerika entzünden könnte. Heute kontrollieren die Vereinigten Staaten wirtschaftlich, politisch und militärisch jedoch die Länder Mittel- und Südamerikas in einem Maße, daß jede revolutionäre Befürchtung wiederum gegenstandslos erscheint. In dieser Situation wird für die herrschenden geschichtlichen Mächte in den USA und in Europa eine Theologie der Befreiung, die in gewaltlosem und prinzipiell versöhnungsbereitem Kampf um der Befreiung zu gerechteren Verhältnissen willen zu leiden und zu streiten bereit ist, historisch überflüssig, ja politisch unerwünscht. Für den neu erwachten Amerikanismus wird der kirchliche Kampf um Befreiung selbst ein zu bekämpfender Gegner, weil jetzt erneut die Entwicklung der zunehmend verelendeten Hemisphäre dieser Erde in den Dienst der Weiterentwicklung der dem Wachstum huldigenden Industriestaaten gestellt werden soll.

Die Glaubenskongregation und die Deutsche Bischofskonferenz werden gewiß nicht in erster Linie von ökonomischen Interessen getrieben, eher schon von Interessen der Selbsterhaltung der zentralisierten geistlichen Macht, von der Erhaltung kirchlicher Freiheit und sicher von der Bewahrung der katholischen Tradition in der Auslegung der biblischen Botschaft von Gottes verheißungsvollem, treuem, gerechtem und barmherzigen Wort. Der Dissens von Lehramt und Theologie der Befreiung setzt nun aber innerhalb des früher formulierten Konsenses Akzente, die letztlich auf die historische Frage hinauslaufen, ob die katholische Kirche bereit sei, sich selbst beim Wort zu nehmen und nicht nur befreiende Erlösung zu verkünden, sondern die Verkündigung für die eigene Form des Handelns, für die eigene Institution und für die eigene Praxis von Theologie konsequent gelten zu lassen – oder ob sie festhält an der herrschaftlichen Ausübung des hierarchischen Amtes, einer situationsfremden Bibelauslegung und an einer theologischen Denkform, die von den Gegnern der

Befreiung als Rechtfertigung ihrer Unterdrückung mißbraucht werden kann und faktisch mißbraucht wird. Im einzelnen sind innerhalb der sechs Dimensionen des Konsenses folgende Momente gegenwärtig zur offenen Frage geworden:

1. *Für die Beschreibung:* Das Römische und das Deutsche Lehramt beschreibt das vor aller Augen stehende Elend primär als eine Verfehlung der Freiheitsgeschichte, wie sie durch die Nichtanerkennung der elementaren Menschenrechte in den Entwicklungsländern selbst gegeben sei (vgl. Instruktion, V, 4; XI, 6). Der ökonomische Imperialismus und der liberale Kapitalismus werden zwar klar kritisiert, aber die Abhängigkeit von den Zentren des internationalen Marktes, die von der umfassenden Dependenztheorie der lateinamerikanischen Theologie als Primärursache der Unterentwicklung genannt wird, tritt in Kardinal *Ratzingers* Instruktion zurück (vgl. a.a.O., I, 7; VII, 12), im Widerspruch zur Instruktion des Vatikans verschwindet sie in Kardinals *Höffners* Rede vollständig. Schuld an der Unterentwicklung sind für Joseph Höffner die Zustände in den Entwicklungsländern allein – ebenso wie umgekehrt der Fleiß der deutschen Arbeiter als alleinige Quelle ihres Wohlstandes gepriesen wird (J. Höffner, a.a.O., 32). Höffners (objektiv zynische) Deskription spottet jeder anerkannten Wirtschaftswissenschaft.

2. *Für die Handlungsformen:* Die Theologie der Befreiung reflektiert und animiert im Gegensatz zu einer Theologie der Revolution den realen gewaltlosen Kampf um Befreiung, der für Unzählige zu einem Kampf mit tödlichen Folgen geworden ist. Die Theorie bleibt dabei ein kritisches Moment der Befreiungspraxis, die bis zum Äußersten alle Möglichkeiten entschiedenen Engagements und gewaltlosen Widerstandes verfolgt. Dagegen bleiben in der römischen und deutschen Glaubensbehörde Theorie und Praxis, Kopfarbeit und tätiges Engagement klar getrennt: die Lehre des Amtes soll aufgrund seiner theologischen Autorität (von den Gläubigen) befolgt werden. Insofern verwundert es

nicht, daß die Kardinäle *Joseph Ratzinger* und *Joseph Höffner* die Theorie-Praxis-Einheit der Theologie der Befreiung mit einer immanentistischen Heilslehre verwechseln, die den politischen und ökonomischen Kampf für Gerechtigkeit und Freiheit selbst als »das Wesentliche und das Ganze des Heils« ausgäbe (vgl. Instruktion, VI, 4). Sie verwechseln die *Handlungsform,* zu welcher der Glaube und die Theologie selber gehören, mit dem *Inhalt* dieser Theologie, mit Gottes Reich, das nach ihrem ausdrücklichen Glaubensbekenntnis wahrhaft befreiendes Handeln erst ermöglicht. Dieses Mißverständnis des Lehramtes scheitert an allen entscheidenden Texten der Theologie der Befreiung. Ihr geht es nicht um die Theologie der Befreiung als bloßer Theorie, sondern um die Befreiung selbst als der Praxis des Glaubens, zu der uns Gottes auf uns zukommendes Reich ermächtigt.

3. *Für die Begründung:* Kardinal *Ratzinger* und in extremer Form Kardinal *Höffner* legen die biblische Botschaft der befreienden Erlösung mit naturrechtlichen und ontologischen Kategorien aus, d. h. mit einer Ordnungslehre, nach welcher dem Bereich politischer, ökonomischer und wissenschaftlicher Vernunft eine Eigengesetzlichkeit zukomme (J. Höffner, a.a.O., 3; 9; 13). *Leonardo Boff* nennt in seinem inkriminierten Buch die Theologie der Befreiung dagegen eine »Theologie der Gefangenschaft« (Kirche: Charisma und Macht, a.a.O., 38), d. h. eine theologische Deutung, welche die ungerechten Strukturen als Konsequenz der Verblendung und der Sünde interpretiert. Die Reich-Gottes-Botschaft wird dialektisch auf die politisch, ökonomisch, kulturell und wissenschaftlich realisierte Freiheitsgeschichte bezogen. Der weitgehende Verzicht der deutschen ehemaligen Universitätsprofessoren Höffner und Ratzinger auf eine kritische Konfrontation der »profanen« sozioökonomischen Realität und der für sie zuständigen Wissenschaft mit der Reich-Gottes-Botschaft bleibt kleingläubig und theologisch inkonsequent: Er wird zum kardinalen Fehler.

4. *In der Methode* liegt der heftigste Dissens: Der Theologie der Gefangenschaft und Befreiung wird (wenigstens der Tendenz nach) unterstellt, sie verrate die Sache der Armen (vgl. Instruktion, IV, 2, 10) und die Sache des Evangeliums zugleich, weil sie in ihren Analysen der atheistischen Konzeption des Marxismus verfalle (vgl. Instruktion, VII, 6; *J. Höffner,* a.a.O., 18, 21–23), theologisch blind die Klassenkampftheorie übernehme (Instruktion, IX), die Armen im Sinne der Bibel zum Proletariat im Sinne von *Marx* hochstilisiere (vgl. Instruktion, IX und X), einer materialistischen Anthropologie verpflichtet sei (XI, 8) und deshalb nicht über die marxistische Ideologiekritik und ihr Verständnis von Basis und Überbau hinauskomme. Dagegen ruft Kardinal *Ratzinger* »in Erinnerung, daß der Atheismus und die Negation der menschlichen Person, ihrer Freiheit und ihrer Rechte, sich im Zentrum der marxistischen Konzeption befinden« (VII, 9). Wer behauptet, daß im Zentrum des Werkes von *Karl Marx,* das der Kritik der Entfremdung des Menschen vom Menschen, der Entfremdung des Menschen von der Natur und von seiner Hände Werk durch die liberalistische Ökonomie gewidmet ist, die *Negation* der menschlichen Person und ihrer Freiheit stehe, der verkennt, ja diskreditiert seine humanistische Intention (vgl. *P. Eicher,* Bürgerliche Religion. Eine theologische Kritik, München 1983, 15–31). Er negiert damit selbst eine historische Äußerung der Freiheit, wenn nicht gar die Möglichkeit von Freiheit. Den sozialistischen Staaten die Rechtsfähigkeit abzusprechen, wäre mehr als ein kardinaler Fehler. Nicht nur falsch ist die Behauptung, daß Marx den Klassenkampf zum Motor der Geschichte erhoben habe – richtig ist, daß er die Geschichte von den Antagonismen her interpretiert, die in der liberalen Wirtschaftsform des europäischen Bürgertums historisch zum Klassenkampf führten –, sondern falsch und ehrenrührig ist vor allem die völlig unbewiesene These, die Theologie der Befreiung übernehme die marxistische Theorie des Klassenkampfes, die sie schließlich noch zur Analyse im Dienste der Kirchenreform mißbrauche. Entweder kennt Kardinal *Ratzinger* das Werk von Karl Marx und die Praxis der Befreiungstheologie

nicht ausreichend oder er redet in voller Kenntnis der Sachlage. Im ersten Fall wäre sein historischer Irrtum leicht korrigierbar; im zweiten Fall, der zu unterstellen ist, bleibt jeder der Wahrheit verpflichtete Christ ratlos vor dem Versuch, ausgerechnet die tief spirituelle, von Volksfrömmigkeit getragene, liturgisch orientierte und biblisch fundierte Theologie der Befreiung durch den Vorwurf der Klassenverhetzung und den platten Atheismusverdacht disqualifiziert zu sehen.

Sollten durch die Theologie der Befreiung etwa doch die Götzen des westlichen und östlichen Wirtschaftsystems so schonungslos bloßgestellt worden sein, daß hier wirklich falsche Götter vom Thron gestürzt werden? Es spricht vieles dafür, daß der ideologische Antikommunismus, der in Deutschland indirekt den Faschismus begünstigte und auch heute noch in der Bundesrepublik Deutschland und anderswo allem Reaktionären zur Legitimation verhilft, bei der lehramtlichen Diffamierung der Theologie der Befreiung Pate gestanden hat. Erbarmungslosen Diktatoren und Ausbeutern in Südamerika wird diese Diffamierung für die Rechtfertigung von weiteren Ermordungen, Folterungen, Verbannungen und Entwürdigungen der um Befreiung kämpfenden und betenden Christen gut genug sein, und sie wird auch für die wirtschaftlich starken Übermenschen gut genug sein, um die für Befreiung Lebenden und Sterbenden als Unter-Menschen sozial zu erledigen. Die Methode der Theologie der Befreiung praktiziert in Wirklichkeit, was Kardinal *Höffner* seiner eigenen katholischen Soziallehre zuschreibt: Sie gebraucht die sozialwissenschaftliche Analyse zur historischen Aufklärung des Elends und zur Klärung konkreter Möglichkeiten einer Praxis der Befreiung. Auch zu den liberalen Sozial- und Wirtschaftswissenschaften gehören kritische Analysen des Kapitals, in denen, wie nota bene auch im »Kapital« von *Karl Marx,* weder Atheismus gefordert, noch theoretisch postuliert wird, selbstverständlich dazu. Es ist wahr, daß die Theologie der Befreiung auf Aufklärung, Subjektwerdung, Menschwerdung und auf den Intentionen der Freiheitsgeschichte insistiert – aber diese einseitige Insistenz erhält in der Situation in der Menschen zu bloßen Objekten degradiert sind, ihr geschichtliches Recht und ihre theologische Unverzichtbarkeit.

5. Der *ekklesiologische Dissens* scheint der eigentliche Grund der lehramtlichen Maßnahmen geworden zu sein. Das Lehramt insistiert auf seiner eigenen hierarchischen Würde und Kompetenz, die Theologie der Befreiung dagegen zieht die volle Konsequenz aus der kirchlichen Evangeliumsverkündigung auch für die Gestalt der kirchlichen Institutionalität. Dabei greift sie aber nicht – wie *Joseph Ratzinger* unterstellt – die traditionelle Struktur von Papsttum, bischöflichem Lehramt und priesterlichen Dienst überhaupt an, sondern – darin reformatorisch – die Sakralisierung der historischen Ausprägung der Hierarchie. Sie will im Sinne des Neuen Testaments alle Ämter durch den Geist Jesu Christi und im Dienst der Gemeinde interpretiert und reformiert sehen (ist *diese* Forderung nicht schon seit 450 Jahren für die katholische Kirche überfällig?).

6. Besteht wirklich ein Dissens im Ziel, d. h. in der Verkündigung des Reiches Gottes, dessen gnadenhaftes Kommen alle unsere Kräfte zur Veränderung der ungerechten Verhältnisse einfordert? Kardinal *Ratzinger* nennt die Art, wie die Theologie des Volkes die Probleme von Befreiung und Versöhnung darstellt, »verworren und zweideutig« (Instruktion, Vorwort). Dies gilt nun leider auch von den Ausführungen der beiden Kardinäle *Ratzinger* und *Höffner* in ihrer Kritik der Ziele der Theologie der Befreiung. Eindeutig und nicht verworren bleibt aber in der kirchlichen Theologie der Befreiung und auch in der lehramtlichen Kritik die Botschaft, der sie alle dienen wollen: eindeutig bleibt das Evangelium, das Gottes Reich so nahebringt, daß Gottes Wort nicht nur zu denken und zu kritisieren, sondern auch zu tun gibt. Was die Bischofssynode 1971 formulierte, gilt weiterhin für beide Seiten:

> »Der Auftrag, das Evangelium zu verkünden, erfordert heute den ungeteilten Einsatz für die volle Befreiung des Menschen.« (Schlußdokument, Nr. 36).

IV. Die Frage an uns selbst

Im Streit um die Theologie der Befreiung gibt es – was die zentralen Momente des Dissenses betrifft – keinen Standpunkt einer übergeordneten Wahrheit, der beiden Seiten zugleich zustimmen kann. Man kann nicht zugleich für die Armen und für die Reichen optieren, für und gegen die basiskirchliche Reform, für und gegen die konkrete Theologie der Befreiung arbeiten. Das Gespräch, das Differenzierungen auf beiden Seiten suchen muß und gemeinsame Wege nach vorne öffnen will, dispensiert keinen Gesprächspartner von der fundamentalen Entscheidung, die in der Bergpredigt lapidar auf die Feststellung gebracht ist: »Niemand kann zwei Herren dienen; denn entweder wird er den einen hassen und den andern lieben, ober er wird den einen bevorzugen und den andern verachten. Ihr könnt nicht Gott und dem Mammon dienen« (Mt 6,24). Eine Kirche und eine Theologie, die beides zugleich festzuhalten sucht, Gott und den Mammon, wird heute von der Theologie der Befreiung zur Eindeutigkeit herausgefordert. In den sechs Dimensionen des aufgebrochenen Streits wird uns Christen in den Zentren der Industrienationen deshalb zugemutet:

1. Die Option für die Armen zu teilen: Kein Glaube, keine Theologie und keine kirchliche Entscheidung kann das Evangelium vom Zuschauerstandpunkt erklärender Objektivität her auslegen: verstehen heißt teilnehmen, teilnehmen aber ermöglicht die bewußte Entschiedenheit unserer Freiheit, unseres »Engagements«. Die Option für die Armen oder die Enthaltung von ihr zugunsten eines entschiedenen Verharrens im Status quo der zunehmenden Unterdrückung hat eine (auch erkenntnistheoretisch) fundamentale Bedeutung für die Auslegung des Evangeliums selbst. Nur wer von der biblischen Option für die Armen ergriffen wird, wird sein eigenes Dasein als unterdrückerisches erfahren lernen und deshalb auch die befreiende Kraft des Evangeliums für sich selbst im vollen Sinne des Wortes wahrnehmen lernen.

2. Praktisch zu sein: Die gesellschaftliche Solidarität der Theologie der Befreiung ist keine Solidarität für die Armen, d. h. an Stelle der Armen, sondern die Solidarität der Armen selbst. Sie fordert keine Kirche für die Armen, sondern meint eine arme Kirche. Sie fordert keine Ethik, sondern erwächst aus dem Leben auch von Intellektuellen, Priestern und Bischöfen mit den Armen. Das Subjekt dieser Theologie kann nicht mehr der Akademiker als solcher sein, sondern wird die Gemeinde, aus der, mit der und für die jetzt die Theologinnen und Theologen zu sprechen lernen (wobei in Lateinamerika die Frauen zwar in den Basisgemeinden selbst, jedoch noch nicht in der Lehre, als Kirchenleitung und in der Publizistik zu Worte kommen).

3. Biblisch zu werden: Die katholischen Theologen des deutschsprachigen Raums legen das Neue Testament im Horizont ihrer mehr oder weniger aufgeklärten Begriffe von Wahrheit, Freiheit und Liebe aus. Gerade auch ihre bekanntesten Vertreter haben jedoch kaum eine biblische Auslegung entwickelt, in der das Neue Testament sich als die Auslegung des Alten Testamentes bewähren könnte: Das Alte Testament bleibt verdrängt. Damit hängt zusammen, daß die Erlösung bürgerlich-privatistisch auf die Begnadigung des Sünders reduziert und nicht auf die Befreiung des Volkes, der Gemeinde in der Gesellschaft und der voneinander abhängigen Völker bezogen wird. Die Theologie der Befreiung wird dagegen vom Begriff der *Verheißung* getragen, welche die Unterdrückten und Unterdrückenden zur *Gerechtigkeit* befreit und dem kommenden Reich Gottes in glaubendem Handeln Ausdruck verschafft. Die Theologie der Befreiung mutet uns den Exodus aus dem schlechten Idealismus der Zukunftsvergessenheit und einer Liebe ohne Gerechtigkeit zu.

4. Den eigenen Glauben praktisch aufzuklären: Der alttestamentliche Glaube führt die im brennenden Dornbusch empfangene Offenbarung des einzigen Gottes, der sich in seiner absoluten Freiheit den real Unterdrückten verheißungsvoll zuwendet, in einer vollständigen Götzenkritik durch. Diese Kritik der politischen, militärischen und religiösen Götzen deckt die illusionäre Allmacht der Unterdrücker durch die Geschichte Israels selber auf. Die Zerstörung der Götzen kommt durch die Inkarnation des Allmächtigen in der freiwilligen Ohnmacht Jesu Christi bis zum Kreuz zu ihrem Ziel: zum Sieg über die Mächte des Todes. Das Zeugnis von diesem Sieg der »Gerechtigkeit, Barmherzigkeit und Treue« (Mt 23,23) über die Ungerechtigkeit, Erbarmungslosigkeit und Vergeblichkeit der Mächte des Todes bleibt so lange mißbrauchbar, als sich die Gemeinden nicht Rechenschaft geben über die politische Konsequenz dieses Glaubens. Die politisch sich aufklärende Theologie *negiert* den Mißbrauch des Evangeliums zur Stabilisierung jeder menschenverachtenden Macht; sie ermöglicht ein *solidarisches* Handeln vom Standpunkt der unter den politischen und sozio-ökonomischen Entwicklung Leidenden und sie *inspiriert* zum Leben von Gemeinden, die sich vom Evangelium ermächtigt glauben, in ihrer gesellschaftlichen Form ein *Zeichen* des kommenden Reiches Gottes zu geben. Wir sind aufgefordert, aus unserer neurotischen Fixierung auf das eigene Heil – und damit auf die Sünde als bloßen Bruch der Einzelseele mit Gott – herauszutreten, zur Anerkennung einer Vergebung der Schuld, welche die Gemeinde ermächtigt, die Konsequenzen der Sünde, nämlich die Leben und Freiheit unterdrückenden Strukturen zu brechen und die in ihnen verkörperten Ungerechtigkeiten zu überwinden.

5. *Reformatorisch zu wirken:* Die Basisgemeinden in Lateinamerika praktizieren in der Einheit mit ihren Bischöfen die reformierte Katholizität: die Trennung von Hierarchie und Volk Gottes wird praktisch aufgehoben. An die Stelle der autoritären Hierarchie tritt – in der Weiterführung von Intentionen des 2. Vatikanums (vgl. *P. Eicher,* Hierarchie, in: Neues Handbuch theologischer Grundbegriffe, Bd. 2, 177–196) – die Teilnahme aller am prophetischen Amt Christi durch die Verkündigung, an seinem königlichen Amt durch die Gestaltung der Liturgie und des Gemeindelebens und am priesterlichen Amt durch die

gemeinsame Danksagung der Eucharistie. Der geweihte Gemeindeleiter steht der Eucharistie vor, ohne sich dadurch als Stellvertreter Christi der Gemeinde gegenüberzustellen: Die Gemeindeleiter und Bischöfe sind wiederum zu dem geworden, was sie in der alten Kirche des ersten Jahrtausends waren – Stellvertreter der Gemeinde. »Stellvertreter Christi« war in der Alten Kirche der Hl. Geist: Die Gemeinden der armen Kirchen muten uns zu, dem Hl. Geist auch in unserer Kirche diese ihm allein zukommende Ehre neu zu geben.

6. *Buße zu tun:* Da der Messias als der barmherzige Richter der Geschichte sich selbst und seine Verheißung (Mt 25,31–46) in den Armen finden läßt, sind wir gerufen, ihm dort zu begegnen, wo er uns schon gefunden hat. Diese Umkehr zu ihm, der uns am Kreuz begegnet, längst bevor wir ihn in den idealistischen Ideen, kirchlichen Reichtümern und psychischen Stimmungen gesucht haben, ermöglicht den Weg zum Leben. Es ist der Weg der Buße, die Umkehr zur eigenen Armut:

> »Du behauptest, ich bin reich und wohlhabend und mir fehlt nichts. Du weißt aber nicht, daß gerade Du elend und erbärmlich bist, arm, blind und nackt. Darum rate ich Dir [...] kauf Dir eine Augensalbe, damit Du sehen kannst« (Offb 3,17f.).

Über die Autoren

Leonardo Boff, 1938 in Concórdia, Brasilien, geboren. Professor für dogmatische und systematische Theologie am Philosophisch-Theologischen Institut von Petrópolis/Rio de Janeiro. Veröffentlichungen zum Problemkreis der Theologie der Befreiung, u. a.: Jesus Christo Libertador (Petrópolis ^{5}1973); A nossa ressureição na morte (Petrópolis ^{3}1976); A graça libertadora no mundo (Petrópolis ^{3}1976); deutsche Ausgabe: Erfahrung von Gnade. Entwurf einer Gnadenlehre (Düsseldorf 1978); Eclesiogênese. As comunidades eclesiais de base re-inventam a Igreja (Petrópolis 1977); deutsche Ausgabe: Die Neuentdeckung der Kirche. Basisgemeinden in Lateinamerika (Mainz 1978); A fé na periferia do mundo (Petrópolis ^{2}1978); O rosto materno de Deus (Petrópolis 1979); Teologia de cativeiro e da libertação (Petrópolis 1980); Igreja: carisma e poder (Petrópolis 1981); deutsche Ausgabe: Kirche: Charisma und Macht. Studien zu einer streitbaren Ekklesiologie (Düsseldorf 1985); Vater unser. Das Gebet umfassender Befreiung (Düsseldorf 1981); Kleine Sakramentenlehre (Düsseldorf ^{5}1982); Ave Maria. Das Weibliche und der Heilige Geist (Düsseldorf 1982); Aus dem Tal der Tränen ins Gelobte Land. Der Weg der Kirche mit den Unterdrückten (Düsseldorf 1982); S. Francisco de Assis: ternura e vigor (Petrópolis 1982). Anschrift: Editôra VOZES Limitada, Rua Frei Luis, 100, Caixa Postal 90023, 25.600 Petrópolis RJ, Brasilien.

Peter Eicher, 1943 in Winterthur (Schweiz) geboren. Studien in Philosophie, Literaturwissenschaft, Geschichte und Theologie in Freiburg (Schweiz) und Tübingen; 1969 Promotion zum Dr. phil., 1976 Promotion zum Dr. theol., seit 1977 Prof. für systematische Theologie an der Universität Paderborn. Verheiratet; 5 Kinder. Wichtigste Publikationen: Die anthropologische Wende (Freiburg i. Ue. 1970); Solidarischer Glaube (Düsseldorf 1975); Offenbarung – Prinzip neuzeitlicher Theologie (München 1977); Im Verborgenen offenbar (Essen 1978); Gottesvorstellung und Gesellschaftsentwicklung, Hrsg. (München 1979); Der Herr gibts den Seinen im Schlaf (München 1980); Theologie – Eine Einführung in das Studium (München 1980); Das Evangelium des Friedens. Christen und Aufrüstung, Hrsg. (München 1982); Bürgerliche Religion. Eine theologische Kritik (München 1982); Herausgeber: Neues Handbuch theologischer Grundbegriffe. 4 Bde (München 1984f.). Anschrift: Friedrich-Ebert-Straße 28, D-4790 Paderborn.

Horst Goldstein, 1939 in Rheine/Westfalen geboren, Dr. theol. Studium in Olinda – Pernambuco, Salvador – Bahia, Paris, Tübingen, Münster. Siebenjähriger Aufenthalt in Nordostbrasilien, viele Reisen in etliche lateinamerikanische Länder. In der theologischen Ewachsenenbildung tätig. Seit Jahren als Übersetzer und Vermittler der lateinamerikanischen Theologie der Befreiung bekannt. Zu seinen eigenen Publikationen gehören: Paulinische Gemeinde im Ersten Petrusbrief (Stuttgart 1975); Gottesverächter und Menschenfeinde – Juden zwischen Jesus und frühchristlicher Kirche (Düsseldorf 1979); Befreiungstheologie als Herausforderung (Düsseldorf ^{3}1985); Brasilianische Christologie: Jesus, der Severino heißt (Mettingen ^{2}1985); Tage zwischen Tod und Auferstehung. Geistliches Jahrbuch aus Lateinamerika (Düsseldorf 1984); »Dank sei Gott und der Revolution«. Christen in Nicaragua (zusammen mit Dorothee Sölle; rororo 5438; Reinbek bei Hamburg 1984).
Anschrift: Trupermoorer Landstraße 17a, D-2804 Lilienthal.

Gustavo Gutiérrez, 1928 in Lima, Peru, geboren. Lizentiat der Psychologie an der Universität Löwen. Lizentiat in Theologie an der Theologischen Fakultät Lyon. Derzeit Nationalassessor der Nationalen Vereinigung katholischer Studenten (UNEC) und

Professor an den Abteilungen für Theologie und für Sozialwissenschaften der Katholischen Universität in Lima. Veröffentlichungen: La pastoral de la Iglesia latinoamericana (Montevideo 1968); Apuntes para una Teología de la Liberación (Lima 1971); deutsch: Theologie der Befreiung (Mainz/München ^{6}1982); Die historische Macht der Armen (Mainz/München 1984). Anschrift: Apartado 3090 Lima, Peru.

Josef Sayer, 1941 geboren, Dipl. theol., Dr. rer. soz. Studium der Theologie in Tübingen und Rom, der Soziologie in Konstanz. Wiss. Assistent am Theologischen Seminar der Pädagogischen Hochschule Berlin. Seit 1981 Pastoralarbeit in Peru (Cusco). Wichtigste Veröffentlichungen: Sozialer Wandel in der Kirche (Düsseldorf 1976); zusammen mit Bruno Schlegelberger und Karl Weber, von Medellín nach Puebla. Gespräche mit lateinamerikanischen Theologen (Düsseldorf 1980). Anschrift: Apto 702, Cusco, Peru.